경북의 종가문화 5

영남의 큰집,
안동 퇴계 이황 종가

경북의 종가문화 5

영남의 큰집,
안동 퇴계 이황 종가

기획 | 경상북도 · 경북대학교 영남문화연구원
지은이 | 정우락
펴낸이 | 오정혜
펴낸곳 | 예문서원

편집 | 유미희
디자인 | 김세연
인쇄 및 제본 | ㈜ 상지사 P&B

초판 1쇄 | 2011년 12월 23일

주소 | 서울시 성북구 안암동 4가 41-10 건양빌딩 4층
출판등록 | 1993. 1. 7 제6-0130호
전화 | 925-5914 / 팩스 | 929-2285
홈페이지 | http://www.yemoon.com
이메일 | yemoonsw@empas.com

ISBN 978-89-7646-273-2 04980
ISBN 978-89-7646-268-8(전10권)
ⓒ 경상북도 *2011 Printed in Seoul, Korea*

값 17,000원

경북의 종가문화 5

영남의 큰집,
안동 퇴계 이황 종가

정우락 지음

예문서원

지은이의 말

　그동안 우리는 퇴계를 참으로 어렵게 생각해 왔던 것 같다. 극히 일부의 학자들이 그의 난해한 철학세계를 중심으로 연구해 왔기 때문이다. 일대기를 재구성한 평전이 출간되고 한시 등의 서정세계를 살피는 등 조금 부드러운 연구가 있기는 하지만, 그 역시 전공 학자들 사이에서만 고립적으로 논의되어 왔던 것이 사실이다. 이 밖에도 교육학, 법학, 정치학, 경제학, 심리학 등 학문의 제 분야에서 퇴계를 이해하고자 하였으나 사정은 크게 다르지 않았다.
　그러나 최근에는 퇴계의 인간적인 면을 부각시키는 책들이 나와 주목을 받고 있다. 이것은 주로 아동이나 일반인을 겨냥한 것이다. 퇴계의 생애가 만화로 그려지기도 하고, 재미있는 일화를 중심으로 퇴계의 인간적인 면모를 살피기도 한다. 특히 퇴계가 아들이나 손자에게 보낸 편지를 대상으로 퇴계의 섬세한 측면을 부각시킨 책도 있어 퇴계의 새로운 면을 읽을 수 있게 한다. 퇴계에 대한 접근 방식이 이처럼 새로워진 것이다.

도산서원의 구조를 자세히 살펴보면 흥미로운 점을 발견할 수 있다. 그동안 퇴계를 향한 사람들의 생각이 어떻게 바뀌어 왔는지를 알 수 있기 때문이다. 도산서원은 안동댐 공사로 인해 퇴계가 서당을 세워 활동하던 당시의 풍경과는 사뭇 다르다. 그럼에도 불구하고 도산서원은 퇴계 당시의 건물구조를 고스란히 유지하고 있어, 그 이후에 건축된 것들과 함께 조화를 이룬다.

퇴계 당시의 도산서당陶山書堂은 낙천洛川에 비교적 가까이 건축되었으며, 앞과 뒤 혹은 높고 낮음이 분명히 구별되지만 건물들은 대체로 수평을 이루었다. 도산서당, 농운정사隴雲精舍, 역락서재亦樂書齋가 그 선상에 있는 건물들이다. 퇴계는 그 주위에 절우사節友社와 정우당淨友塘, 몽천蒙泉과 열정洌井을 만들고, 석간대石澗臺, 운영대雲影臺, 천연대天淵臺 등을 두어 성리학적 이념들로 가득 찬 호중천壺中天을 만들었다. 어느 것 하나 퇴계의 따뜻한 눈길과 손길이 가닿지 않은 곳이 없다.

퇴계가 세상을 떠난 지 4년 만인 1574년에 도산서원의 성립을 본다. 이 도산서원의 축은 수평적이라기보다 수직적이다. 아래쪽에서 누문 진도문進道門으로, 진도문에서 다시 강당 전교당典教堂으로, 전교당에서 다시 사당 상덕사尙德祠로 올라간다. 그 옆에는 물론 책을 보관하는 동·서광명실과 책판을 보관한 장판각, 향사를 지낼 때 제수를 마련하는 전사청, 서원관리인이 사는 상·하고직사, 퇴계의 유물을 전시해 놓은 유물전시관 등이 세로 축을 중심으로 배열되어 있다.

퇴계 생존 시의 도산서당은 개울을 따라 수평의 미학체계를 이루며 건축되었다. 퇴계는 거기서 자연에 순응하며 자신의 철학체계를 구축해 나갔다. 그러나 퇴계 사후의 도산서원은 퇴계를 모시는 사당을 가장 높은 곳에 세우고 그 아래로 수직적 질서를 강요하며 층층의 계단을 만들었다. 퇴계의 위엄이 강조되는 수직의 미학체계가 작용한 것이다. 퇴계를 가까이서 뵙기보다 높은 곳에 모시고 경배하자는 마음이 이러한 구조를 만들었다.

나는 이 책에서 퇴계가 생전에 갖고 있었던 수평적 미학체계에 입각하여 글을 쓰고자 했다. 교조적인 부분을 대체로 배제시켰다는 이야기다. 이 때문에 수많은 글에서 언급되어 왔던 그의 철학세계를 이 책에서는 거의 다루지 않았고, 오히려 퇴계가 집안 다스리기를 어떻게 해 왔는지에 대하여 관심을 갖고 서술하였다. 한 사람의 가장으로서 가족의 질병을 걱정하며 과거공부를 독려하는 그런 퇴계를 만나고 싶었던 것이다.

이 책의 부제목을 '영남의 큰집'으로 한 것은 그만한 이유가 있다. 무엇보다 퇴계는 영남학파의 구심체이며, 퇴계를 불천위로 모시는 퇴계종가와 퇴계를 봉향하는 도산서원은 여기에서도 그 중심이 되기 때문이다. 전통시대 영남의 선비사회에서 크고 작은 시비가 일어났을 때, 혹은 영남의 사론士論을 하나로 결집할 필요가 있을 때마다 퇴계종가나 도산서원은 중요한 역할을 해 왔다. 이러한 저간의 사실은 퇴계종가가 명실상부한 '영남의 큰집'이라는 것을 암묵적으로 보여 주는 것이라 하겠다.

이 책은 모두 7장으로 구성되어 있다. 제1장에서는 지금의 퇴계종가가 있기까지 어떤 과정이 있었는지, 그리고 종가 주변에는 어떤 유교문화경관이 있는지를 살폈고, 제2장에서는 퇴계가 누구이며 그의 집안 다스리기는 또 어떠하였는지를 서술했다. 제3장에서는 퇴계를 중심으로 형성된 퇴계가의 계보를 다루었으며, 그 계보를 지키기 위하여 퇴계가 사람들은 어떤 노력을 해 왔는지에 대하여 언급하기도 했다. 이처럼 제1장에서 제3장까지는 퇴계종택의 성립 과정과 퇴계의 제가 이야기, 퇴계 종손의 계보가 중심 내용을 이룬다.

제4장에서 7장은 조금 다른 구도로 접근하였다. 제4장은 고서와 고문서가 중심이 된다. 퇴계종택과 도산서원의 여러 문서는 퇴계가에 대한 생활사적 접근을 가능하게 하는 데 있어 중요하기 때문에 이를 먼저 다루었고, 제5장은 불천위인 퇴계에 대한 제례가 어떻게 진행되는지를 살폈다. 제례는 퇴계가를 유지하는 매우 중요한 의식이기 때문이다. 제6장은 퇴계종택의 건축물을 중심으로 그 문화적 가치를 알아보았고, 제7장에서는 퇴계의 16

대 종손 이근필 씨와의 면담을 기초로 하여 퇴계종택의 현재와 미래를 더듬어 보았다.

황사 가득한 하늘 위에도 또 다른 하늘이 있어 눈이 시리도록 푸르다. 그 푸른 하늘이 바로 태극의 세계이며 리理의 세계이다. 이 세계는 불변하는 이른바 진리의 세계이기도 하다. 이 세계는 우리에게 어떤 가치를 선험적으로 가져다주어 가변적인 경험의 세계를 극복할 수 있게 한다. 그러나 이러한 생각들로 경직되는 것은 매우 위험하다. 폐쇄와 폭력을 동반할 수 있기 때문이다. 오늘날 한국의 종가문화 역시 불변과 변화가 혼재된 가운데 때로는 계승되고 때로는 변용된다. 퇴계종가는 불변을 주목하면서도 변화의 가치를 존중한다. 전통의 미래를 새롭게 수립해 가는 과정에서 발생한 고뇌의 일단이 아닐 수 없다.

이 책은 경상북도 종가문화의 핵심을 대중에게 널리 알리고, 이를 통해 우리 전통문화를 구성하고 있는 중요한 축을 함께 이해하자는 의도에서 집필되었다. 이 때문에 나는 이 책을 다소 평이하게 서술하고자 했다. 이 과정에서 퇴계나 퇴계종가에 대한 자의적 해석이 없지 않을 것이다. 접근 자체가 학술적이지 않기 때문에 발생하는 문제이다. 그러나 이를 통해 영남의 수많은 종가 가운데 퇴계종가의 중요성과 특수성을 조금이나마 드러내 영남 종가의 미래를 함께 이야기해 볼 수 있다면 다행이겠다.

이 책은 여러 사람의 도움으로 이루어졌다. 특히, 세상의 소리가 전혀 들리지 않는데도 불구하고 인터뷰에 적극적으로 응해 주신 퇴계의 16대 종손 이근필 씨, 초고를 꼼꼼하게 읽어 준 17대 종손 이치억 씨에게 특별히 감사의 말씀을 전한다. 이치억 씨는 성균관대 유학과에서 철학을 전공하고 있어 퇴계학을 가장 적극적으로 계승할 신예 학자이기도 하다. 그리고 이 책을 쓸 수 있도록 지원을 아끼지 않은 경상북도, 이 사업을 진행하며 다양한 자료를 수집해 준 경북대 영남문화연구원 종가연구팀에게도 감사의 마음을 전한다.

이 책의 집필을 시작한 곳은 벽오동 곁에 있는 나의 경북대 연구실이었고, 이것을 마지막으로 탈고한 곳은 미명호未名湖가 보이는 중국 북경대의 조선문화연구소다. 나는 그 사이 북경대 방문학자로 중국에 왔기 때문이다. 타국의 새로운 하늘 아래서 퇴계를 생각할 수 있었던 것은 나로서는 커다란 행운이었다. 멀리 있어 더욱 간절한 마음, 그 그리움이 퇴계에게 더욱 가까이 갈 수 있도록 하였기 때문이다. 이 책이 퇴계와 그 종가에 혹시 누가 되지 않을까 두렵기는 하지만, 독자들과 함께 퇴계종가 이야기를 유쾌하게 나누었으면 좋겠다.

2011년 3월
북경대에서 정우락

차례

지은이의 말 _ 4

제1장 퇴계종택과 그 주변 _ 12
    1. 두루마을에서 온혜마을까지 _ 14
    2. 퇴계 옆에 지은 퇴계종택 _ 25
    3. 종택 주변에 남은 퇴계의 손길 _ 34

제2장 퇴계의 삶과 집안 다스리기 _ 48
    1. 물러나기 위해 나아간 삶 _ 50
    2. 부부생활, 도의 첫걸음 _ 59
    3. 준과 안도에게 띄운 편지 _ 69

제3장 퇴계가 사람들 _ 78
    1. 종손의 계보 _ 80
    2. 손부 안동권씨 _ 87
    3. 손자의 손자들 _ 96

제4장 옛 문헌이 남긴 향기 _ 106
    1. 종택의 고서와 고문서 _ 108

2. 도산서원의 고서와 고문서 _ 117

    3. 『상계가록』에 흐르는 퇴계 _ 126

제5장 퇴계에 대한 예경 _ 136

    1. 제례의 과정과 절차 _ 138

    2. 제례의 특징적 국면들 _ 147

    3. 제례의 계승과 변용 _ 154

제6장 계상 서정과 건축문화 _ 162

    1. 계상의 서정 _ 164

    2. 집+문화 _ 174

    3. 추월한수정에서 _ 185

제7장 종손과의 대화 _ 196

    1. 15대 종손 이동은 _ 198

    2. 16대 종손 이근필 _ 207

    3. 도산별곡을 노래하며 _ 217

제1장 퇴계종택과 그 주변

1. 두루마을에서 온혜마을까지

우리는 누구나 시간과 공간의 지배를 받으며 살아가고 있다. 인류가 진화되었는지 창조되었는지는 알 수가 없으나, 오랜 시간과 다양한 공간 속에서 계승과 변화를 거듭해 왔다는 사실은 누구도 부인하지 못한다. 계승은 선대로부터 이어지는 것이고, 변화는 당대에 와서 바뀌는 것이다. 이렇게 볼 때 태양 아래에 있는 어떠한 사물도 새로운 것은 없다. 다만 변하지 않는 것과 변화하는 것 사이에서 나고 죽기를 거듭할 뿐이다. 위대한 사상가들은 이를 다양한 가설을 세워 설명하기도 했다.

　문화는 본능과 자연에 대비되는 용어다. 여기에 지식이 있고 생활이 있으며, 신념이 있고 행위가 있다. 문화는 일종의 생명

체다. 문화 역시 불변과 변화 속에서 생성과 소멸을 거듭하기 때문이다. 어떤 문화는 불변에 초점이 놓이고, 어떤 문화는 변화에 초점이 놓인다. 이것을 우리가 흔히 이야기하는 보수와 진보에 대응하면 좀 더 복잡해진다. 그러나 변화와 불변이 상보적 경쟁 관계에 놓여 있다는 사실을 인정하지 않으면 안 된다. 보수와 진보를 동시에 극복하고 소통과 상생의 세계로 나아가는 길이 여기서 비로소 열리기 때문이다.

종가는 '조종祖宗'과 '종앙宗仰'이라는 용어에서 보듯이 연원과 존경의 의미를 두루 포괄한다. 따라서 종가는 그들의 연원을 지키며 당대적 삶을 살아가는 생활공동체라고 할 수 있다. 종통宗統을 지키며 형성된 것이 종가이므로, 그 문화는 기본적으로 불변에 초점이 놓이지 않을 수 없다. 사정이 이러하나 삶의 여건이 과거에 비해 혁명적으로 달라진 현대적 상황은 이 불변과 끊임없이 충돌하면서 새로운 종가문화를 만들어 갈 수밖에 없다.

퇴계종가는 퇴계를 '조종'으로 하지만, 퇴계 역시 16세기 조선이라는 시공간의 지배를 받으며 살았던 인물이다. 이 때문에 퇴계종가와 밀접하게 관련되면서도 이 땅에 퇴계를 있게 한 그의 조상들을 먼저 살펴보는 것이 순서일 것이다. 세월이 흘러 그 후손이 선대로부터 멀어지면 멀어질수록 사정은 많이 달라진다. 그러나 퇴계 스스로가 존경해 마지않았던 그의 선대, 이와 관련된 문화가 현재의 퇴계종택 주변에 존재하므로, 퇴계종가에 앞서 이를 먼저 언급하자는 것이다.

　퇴계의 관향인 진성眞城은 청송군 소재 진보현眞寶縣의 옛 이름이다. 시조 이석李碩이 이곳의 현리縣吏였다. 6세손 송재松齋 이우李堣(1469~1517)가 중종반정의 공신이 되면서 아버지 이계양李繼陽(1424~1488)이 진성군眞城君으로 추증되고, 이때부터 진성이씨로 널리 불리게 되었다. 이석의 아들 이자수李子脩가 풍산 마애로, 그의 손자 이정李禎이 주촌周村으로 들어오게 된다. 이때부터 진성이씨는 안동에 세거하게 되는데, 이정의 아들 우양遇陽, 홍양興陽, 계양이 각각 분파하여 주촌파周村派, 망천파輞川派, 온혜파溫惠派로 나뉜다. 이를 간단히 그림으로 나타내 보자.

```
석碩 ― 자수子脩 ― 운후云侯 ― 정禎 ┬ 우양遇陽 : 주촌파周村派
                                    ├ 홍양興陽 : 망천파輞川派
                                    └ 계양繼陽 : 온혜파溫惠派
```

　'주촌'은 흔히 두루마을이라 불린다. 주변이 산으로 둘려 있어 사람들이 그렇게 이름 하였을 것이고, 이 이름이 한자로 바뀌면서 주촌이 되었다. 지금의 경북 안동시 와룡면 주하리에 있다. 주촌종택은 이정과 그의 맏아들, 그리고 그 후손들이 세거하는 곳이니 진성이씨 문중에서 가장 큰 집안이라 하겠다. 안동시 와룡면 주하리라고 하면 우리나라 국보 제70호인 훈민정음 해례본이 발견된 곳으로 유명하다. 물론 광산김씨 종택인 긍구당肯構堂 소장본을 이한걸의 아들 이용준이 국문학자 김태준과 함께 전형필에게 넘겼다는 이야기도 있지만 말이다.

진성이씨 주촌파는 이정의 아들 우양과 그의 자손들을 주로 산다. 풍산 마애에서 이곳으로 이주한 것은 군기시부정軍器寺副正[1]을 지냈던 이운후 때부터다. 따라서 이운후는 진성이씨 주촌의 입향조가 된다. 주촌파는 이정을 불천위不遷位로 모시고 있다. 이정은 세종조에 조정에서 영변진寧邊鎭을 설치하여 약산성藥山城을 쌓을 때 판관이 되어 이 일을 성공적으로 추진하였다. 그리고 최윤덕崔潤德(1376~1445)을 따라 북벌을 할 때 커다란 공을 세워 선산부사善山府使 등을 두루 역임하기도 했다.

주촌종택은 안동 시내에서 도산서원 쪽으로 약 20분 정도의 거리에 있다. 종가가 처음 세워진 것은 15세기일 터이지만 그동안 많은 중수와 개축이 있었다. 그러나 종가의 터는 그대로라고 한다. 이에 대한 역사를 말해 주듯이 종가 앞에는 천연기념물 제314호로 지정된 뚝향나무가 있다. 나무 앞에 서 있는 안내판에 의하면 세종조에 선산부사를 지낸 이정이 영변진 설치와 약산성 쌓기를 성공적으로 마치고 귀향하는 길에 옮겨 와 심은 것이라고 한다.

주촌종택은 경상북도 민속자료 제72호로 지정되어 있다. 사랑채에는 '고송유수각古松流水閣'이라는 글씨가 편액되어 있다.

경류정과 뚝향나무

'고송유수'는 송나라의 대문장가 소식蘇軾(1036~1101)이 쓰면서 일반화된 것이지만,[2] 주촌종택에서는 특별한 의미를 지니고 있다. '고송'은 뚝향나무를, '유수'는 종택 경류정慶流亭의 경류를 상징적으로 나타내기 때문이다. 뚝향나무의 근원을 갖고 경사스런 흐름이 지속되기를 바라는 마음이 이 글귀를 통해 읽혀진다.

진성이씨 망천파는 안동시 풍산읍 마애리에 세거한다. '망천輞川'이 원래 이름이고, 그 뒤에 지금의 행정 지명인 마애리로 바뀌었다. '망천'은 중국 섬서성陝西省 서안시西安市 남전현藍田縣에 있는 지명이다. 당나라의 화가이자 시인인 왕유王維(699~759)가 만년에 은거한 곳으로 유명하다. 왕유가 이곳의 아름다운 산수를 화폭에 담아 「망천도輞川圖」라 이름 하면서 망천의 산수는 널리 알려지게 되었다. 낙동강변의 아름다움을 표현할 길이 없어 이렇게 불렀을 터인데, 지금은 절벽에 바위를 쪼아 만든 마애불이 있어 '마애'라 고쳐 부른다고 한다.

마애리 경로당 앞에는 유허비가 하나 서 있다. 바로 진성이씨가 이곳에 살게 된 내력을 새겨 둔 비이다. 여기에는 이자수가 진보 이촌李村[3]에서 풍산으로 이거했던 일, 풍광이 특별히 아름다워 망천이라 명명했던 일, 안터에 이자수가 뽕나무를 손수 심었던 일 등이 두루 적혀 있다. 이자수의 아들 이운후가 주촌으로 이거하게 되고, 그의 둘째 손자 흥양이 증조부가 살던 곳으로 다시 옮겨 살면서 그의 자손들이 이곳에 세거하게 되었다고 한다.

마애리는 본동과 시우실 등 2개의 자연마을로 이루어져 있는데, 망천파는 주로 본동에 산다. 여기에는 산수정山水亭(경상북도 민속자료 제122호)과 이로당怡老堂(경상북도 문화재자료 제512호)이 있다. 이 마을의 중시조인 이돈李燉(1568~1624)이 관직을 버리고 고향으로 돌아와 학문에 정진하기 위해 세운 것이다. 이돈은 호가 호봉壺峰으로 한강寒岡 정구鄭逑(1543~1620)의 제자이다. 사간원헌납司諫院獻納[4]으로 있을 때 내암來庵 정인홍鄭仁弘(1535~1623)을 논척하다가 좌천된 일이 있으며, 인조반정 후 복직되어 영천군수永川郡守로 재직하다 병사한 인물이다.

진성이씨 온혜파는 안동시 도산면 온혜리에 뿌리를 내리면서 형성되었다. 주촌에서 35번 국도를 타고 도산서원을 넘어가면 나오는 마을이다. 온혜溫惠는 아마도 온천과 이로 인한 혜택이 결합되면서 그 이름이 만들어졌을 것이다. 사실 지금도 온혜에 가면 도산온천 등 온천이 여럿 개발되어 있다. 온혜종택 사랑채 동편에 온천정사溫泉精舍라 편액되어 있는 것을 보거나, 퇴계의 형인 이해李瀣(1496~1550)의 호가 온계溫溪라는 것을 염두에 두면 그 이름의 유래를 충분히 짐작할 수 있다. 구한말 항일 의병을 주도했던 이인화李仁和(1858~1929)의 생가이기도 한 온계종택 삼백당三栢堂은 일제강점기에 전소되었다가 최근에 복원되었다.

주촌에서 온혜로 생활의 근거지를 처음 옮긴 사람은 이정의 막내아들로 퇴계의 조부가 되는 계양이다. 그는 진사였으며, 호

노송정

를 노송정老松亭이라 하였다. 본채의 동쪽에 자리 잡은 'ㄱ'자 형태의 정자가 노송정이다. 노송정으로 들어가는 문은 '성인이 임한다'는 뜻인 성림문聖臨門이다. 퇴계의 어머니 춘천박씨가 퇴계를 가졌을 때 공자가 문으로 들어오는 꿈을 꾸었다고 해서 그렇게 붙인 것이라 한다. 노송정 마루에는 '해동추로海東鄒魯'라고 편액되어 있다. 중국의 노나라와 추나라에 공자와 맹자가 있듯이 해동의 온혜에는 퇴계가 있다는 의미라 하겠다.

온혜종택에는 퇴계의 태실이 있어 특별히 중요하다. 이계양이 식埴을 낳고 식이 춘천박씨를 만나 이황李滉, 즉 퇴계를 낳는다. 춘천박씨가 몸을 풀었던 그 자리라며 온혜종택 정침을 복원하면서 퇴계의 태실을 만들어 두었다. 그런데 그 구조가 흥미롭다. 안채와 사랑채는 안마당을 중심으로 'ㅁ'자형으로 되어 있는데, 퇴계 태실은 좁은 마당 쪽으로 세 면이 돌출되어 있기 때문이다. 위쪽에는 방을 만들고, 아래쪽은 누각식으로 하였으며, 마당 쪽 세 면은 툇마루로 둘렀다. 정면에는 '퇴계선생태실退溪先生胎室'이라 편액하였다. 『청구야담』에는 「큰 현인을 내리고 선녀가 산실을 정해 주었다」(降大賢仙女定産室)라는 제목으로 퇴계의 탄생과 태실을 신비화하고 있기도 하다.

퇴계는 온혜마을에서 태어났지만 주촌종택을 매우 중요하게 생각했다. 이곳이 진성이씨 문중의 구심점이 된다고 여겼기 때문이다. 그가 주촌종택에 있는 경류정에 대하여 시를 남긴 것도 같은 이유에서였다. 지금도 두루마을 경류정에 가면 퇴계의 시판詩板이 걸려 있다. 초서로 음각된 「제경류정題慶流亭」이 그것이다. 이 시는 모두 세 수로 구성되어 있으며, 시판에는 이 시가 1556년(명종 11) 8월에 쓰인 것으로 되어 있다. 이 가운데 첫 번째 작품은 이러하다.

적선은 유래가 있어 복과 경사가 불어나고,
몇 대로 전해진 인후함 집안에 늘어나네.

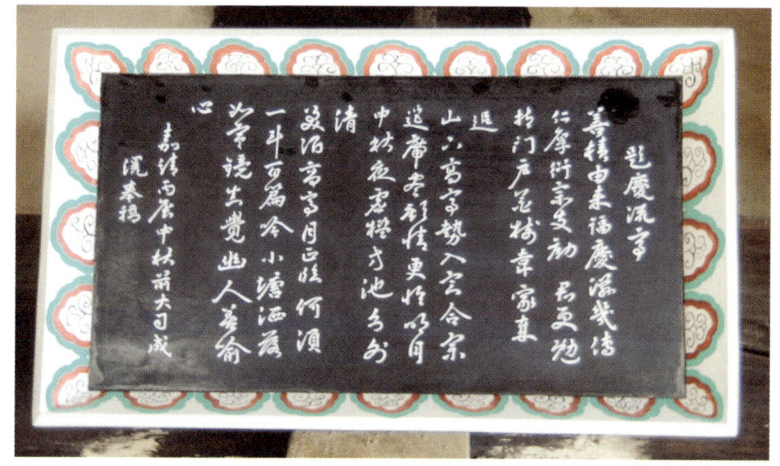

경류정의 퇴계 시판

그대에게 거듭 문호 지키기를 권하노니,
화수회가 위씨 집처럼 해마다 이어지도록 하길.
善積由來福慶滋　幾傳仁厚衍宗支
勸君更勉持門戶　花樹韋家歲歲追

　퇴계는 자신의 집안에 복과 경사가 불어나고, 문중이 번창할 수 있는 것은 조상들의 '적선積善'과 '인후仁厚' 덕분이라고 생각했다. 여기에 바탕하여 퇴계는 문중을 잘 지켜서 중국의 위씨韋氏 일가처럼 화수회花樹會를 잘 지켜 나가고자 했다. 시상은 경류정 주변의 아름다운 경치와 그 속에서 누리는 친족의 기쁨으로 이어졌다. "산 아래 높은 정자의 형세는 아득한데(山下高亭勢入冥), 온 집안사람들은 함께 모여 기쁨을 나눈다네(合宗筵席盡歡情)"라 한 것이 그것이다. 우리는 여기서 경류정을 중심으로 문중의 돈목敦睦을 꿈꾸었던 퇴계를 만나게 된다.

두루마을 경류정 앞의 뚝향나무, 그것은 진성이씨 최고의 영물靈物이다. 때로는 하늘과 땅의 기운을 받으며 용처럼 서려 꿈틀거리고, 때로는 우주의 정신을 응집하며 바위처럼 정좌靜坐한다. 푸른 옷을 입고 거대한 춤사위를 이루는 한 마리의 청학이기도 하다. 무엇보다 그 뚝향나무는 한 뿌리에서 가지들이 돋아 수천 수만 줄기로 흘러간다. 이를 통해 하나의 종宗에는 수많은 손孫이 있고, 수많은 손에는 하나의 종이 있음을 분명히 보여 준다. 종은 뿌리이며 시작이고, 손은 가지이며 끝이다. 그 끝은 다시 시작이 되어 무한한 시간 속에서 영원하리라는 것을 뚝향나무는 지금 은은한 향기로 말하고 있는 것이다.

2. 퇴계 옆에 지은 퇴계종택

온혜종택에서 퇴계의 여러 형제가 태어난다. 아버지 이식은 전처 김한철金漢哲의 딸인 의성김씨 사이에 2남 1녀를 두게 된다. 2남은 잠潛과 하河이며, 1녀는 신담辛聃에게 시집을 갔다. 후처는 박치朴緇의 딸 춘천박씨인데 그 사이에서 5남을 두었다. 서린瑞麟, 의滺, 해瀣, 징澄, 황滉이 그들인데, 서린은 일찍 죽었다. 이로 보면 퇴계는 누님이 1명, 이복형제가 2명, 동복형제가 5명으로 모두 여덟 남매인데, 그는 이 가운데 막내였다. 다섯 번째 형은 대사헌大司憲[5]까지 올랐으나 사화에 내몰려 혹독한 형을 당하고 귀양 길에 죽은 온계 이해이다.

소백산맥의 동북에서 서남 방향으로 이어지는 그 말단부에

용두산龍頭山이 있다. 이 산은 용의 머리처럼 생겼다고 해서 이름 붙여진 것인데, 용수산龍首山이라 하기도 한다. 안동시 도산면의 운곡리雲谷里, 온혜리溫惠里, 태자리太子里와 녹전면祿轉面의 매정리 梅井里에 걸쳐 있는 산이다. 이 용두산에서 발원한 냇물이 온계를 이루어 온혜종택으로 흐르고, 그 물이 흘러 다시 퇴계를 만들어 퇴계종택으로 감돈다. 『퇴계집』 「연보」 '46세조'에 "양진암養眞菴을 퇴계退溪의 동쪽 바위 위에 짓다"라고 적고 그 아래 이렇게 풀이했다.

> 이보다 먼저 작은 집을 온계리 남쪽 지산芝山 북쪽에 지었으나, 인가가 밀집해 있으므로 아늑하고 고요하지 못하였다. 이 해에 처음으로 퇴계 아래의 두서너 마장쯤 되는 곳에 집을 빌려 살면서, 동쪽 바위 옆에 작은 암자를 짓고 그 이름을 양진암 養眞菴이라 했다. 시내는 속명이 토계兎溪였으나, 선생은 토兎 자를 퇴退 자로 고치고, 이것으로 자신의 호를 삼았다.

양진암 옛터는 하계의 퇴계 묘소로 오르는 입구에 있다. 퇴계는 토계兎溪(土溪)라는 지명을 퇴계退溪로 바꾸고 자신의 호로 삼을 만큼 이 개울에 애착을 가졌다. 여기에서 우리는 중요한 의미두 가지를 간취해 낼 수 있다. 하나는 퇴계의 출처관과 관련이 있는 것으로, '퇴'에 초점이 놓인다. 우리가 흔히 이야기하는 것처럼 퇴계의 난진이퇴難進易退, 즉 나아가기를 어렵게 생각하고 물러나기를 쉽게 여긴 출처관이 그것이다. 다른 하나는 학문적 순수와 관련이 있는 것으로, '계'에 초점이 놓인다. 시내는 바다와 강의 근거로서 원두처를 의미한다. 퇴계에게서 이것은 성찰省察과 리理라는 사유체계로 나타난다. 이것을 염두에 두면서 퇴계가 지은 다음 시를 감상해 보자.

벼슬에서 물러나니 어리석은 분수에 편안하지만,	身退安愚分
학문이 퇴보하여 늘그막이 걱정일세.	學退憂暮境
시냇가에 비로소 살 곳을 정하니,	溪上始定居
흐르는 물에 다다라 날마다 성찰함이 있으리.	臨流日有省

제목이 자신의 호와 같은 「퇴계」라는 시이다. 양진암을 지었으나 여기에 오래 있지 못하고 홍문관응교 등의 벼슬을 해야만 했다. 이후 외직을 청하여 단양군수를 거쳐 풍기군수가 되었다. 감사를 통해 세 번이나 글을 올려 벼슬을 사양하였으나 답변이 없었다. 마침내 그는 회답을 기다리지 않고 퇴계로 돌아온다. 이때 그의 나이 50세였다. 퇴계는 이때 비로소 퇴계 서쪽에 자리를 정하였고, 한서암寒栖菴을 지어 집의 이름을 정습靜習이라 하였다. 위의 시는 바로 한서암에서 지은 것인데, 지금 종택 앞 자연석 돌에 새겨 그 의미를 빛나게 하고 있다.

「퇴계」 시비

　　제목도 「퇴계」이지만 시어 가운데 두 번이나 '퇴'라는 글자가 들어가 있다. 벼슬에서의 물러남과 학문적 퇴보에 대한 자각이다. 자연으로 물러나 정진하는 학문을 의미하는 것으로, 이에 대한 퇴계의 간절한 마음이 읽힌다. 그리고 '계'를 제시하였다. 이 '계'는 단순한 시내가 아니라 날마다 성찰할 수 있는 시내이다.[6] 거울 같은 맑은 물이기 때문에 여기에 자신을 수없이 비춰보면서 자아를 더욱 순수하게 단련할 수 있다. 여기서 퇴계는 리理의 세계를 체현하고자 했다. 그러나 퇴계는 이것을 개인의 차원으로 환원시키려 하지 않았다. 학문적 동지들과 함께하고자 했던 것이다. 다음과 같은 시에서 퇴계의 이 같은 측면이 잘 드러난다.

시냇가에서 그대를 만나 의심나는 것을 묻고,	溪上逢君叩所疑
탁주잔도 오직 그대를 위해 잡고 있다네.	濁醪聊復爲君持
하늘이 도리어 매화꽃 늦게 필까 걱정하여,	天公卻恨梅花晚
짐짓 잠깐 눈 보내어 가지에 가득하게 하네.	故遣斯須雪滿枝

「퇴계초옥에서 황금계의 방문을 기뻐하며」(退溪草屋喜黃錦溪來訪)7라는 시이다. 이 시를 보면 퇴계는 참으로 감수성이 예민한 대시인이라는 것을 알 수 있다. 초봄, 아직 매화는 피지 않았다. 학문적 문제의식을 갖고 스승과 제자가 함께 토론을 하는데, 눈이 매화 가지에 하얗게 내렸다. 탁주는 서로의 정서를 자극하고, 매화는 서로의 이성을 자극한다. 그런데 매화가 아직 피지 않아 하늘이 일부러 눈을 내려 매화 가지가 잠깐 꽃을 피우게 했다. 시내(溪)와 순수(梅·雪), 그리고 학문적 연대가 자연스럽게 맞물린다. 우리는 여기서 퇴계가 어떤 세계를 꿈꾸었던가 하는 것을 조금 엿볼 수 있게 된다.

퇴계종택은 안동시 도산면 토계리에 있으며, 경상북도 기념물 제42호로 지정되었다. 독가촌(獨家村)의 형태다. 종가 외에 다른 집이 없다는 것이다. 도산서원에서 1km, 도산면 소재지인 온혜에서 2km 남짓한 곳에 위치해 있으며, 퇴계의 위쪽에 있으므로

퇴계종택 전경

흔히 상계종택이라고 부른다. 종손 이근필李根必이 들려주는 종택 전래 이야기를 중심으로 창설재蒼雪齋 권두경權斗經(1654~1726)이 쓴 「계상유지건옥표방고증溪上遺址建屋表坊考證」을 참고하면 퇴계종택의 대체적인 역사가 재구성된다.

퇴계는 계상서당溪上書堂과 한서암 등 학림學林을 구성하여 이곳에서 제자를 키웠다. 이후 도산서원으로 강학처를 옮기지만 학림은 그대로 유지된다. 퇴계가 세상을 뜬 후, 손자 대에 와서 분재를 하게 되었다. 퇴계에게는 아들 준寯과 채寀가 있었고, 준은 3남 2녀를 두었다. 3남은 안도安道, 순도純道, 영도詠道이고, 2녀는 수운판관水運判官 박려朴欐에게 시집을 간 딸과 병조참의兵曹參議 김용金涌에게 시집을 간 딸이다.

분재는 자녀균분子女均分으로 하였는데, 첫째 안도는 도산서원에서 건너다보이는 안동 부포마을로, 둘째 순도와 막내 영도는 지금의 퇴계 묘소가 있는 하계 쪽으로, 두 손녀가 시집간 박씨와 김씨 댁은 지금의 상계 쪽으로 분재를 하게 되었다. 이후 봉화 닭실(酉谷) 사람 창설재 권두경이 1714년(숙종 40) 겨울에 도산서원 원장으로 오게 되었는데, 그는 종택이 서원 근처에 없는 것을 매우 안타깝게 생각했다. 권두경은 이에 대한 발의를 본격적으로 하여 1715년에 5칸의 추월한수정秋月寒水亭을 지어 종택을 지금의 자리로 옮기게 하였다. 상계에 살고 있던 외손들은 각각 영주와 안동 내앞(川前)으로 이주하였다.

창설재 권두경은 퇴계에 대한 남다른 생각을 갖고 종택 재건 사업을 벌인다. 그는 퇴계의 '계상유지溪上遺址'에 집을 세우기 위한 상세한 고증도 거친다. 권두경이 퇴계가 강학하던 곳을 방문하였을 때는, 퇴계가 기거하던 고택은 이미 사라지고 그 자리에 생긴 밭을 외손들이 관리하고 있었다. 조그마한 한서암만이 외롭게 남아 있었는데, 지나가는 사람들은 무슨 집인지도 몰랐다고 한다. 이에 종손 이수겸李守謙, 현감 송징규宋徵奎 등과 적극 협의하여 이 일을 성공적으로 마친 후 도학의 본산을 의미하는 도학연원방道學淵源坊을 표방했던 것이다.

그러나 창설재 권두경이 창건한 추월한수정은 안타깝게도 일제의 방화로 불탄다. 이후 1926년 추월한수정을 복원하자는 도회道會가 상주의 도남단소道南壇所[8]에서 열린다. 전국의 450여 문중이 성금을 내어 2년여 만에 복원한다. 그때 종택의 정침과 퇴계의 불천위 사당도 그 대상에 포함되었다. 지금 우리가 보고 있는 종택은 바로 이때 지은 것이다. 모든 사물이 그러하듯이 퇴계종택도 이처럼 성쇠盛衰와 소장消長이 있었다. 오랜 역사를 거치면서 퇴계라는 시내를 중심으로 때로는 동편으로 때로는 서편으로 옮겨 짓기도 하고, 안타깝게 불타기도 했다. 그러나 상계의 퇴계종택은 부조父祖의 정신을 이어 가려는 종손들의 강한 의지와 퇴계의 도학을 지키려는 사림士林의 열망이 맞물리면서 현재에 이르고 있다.

3. 종택 주변에 남은 퇴계의 손길

　　퇴계종택을 찾아가는 날엔 언제나 옷깃을 여미게 된다. 거기 어떤 변화에도 불변하는 '리理'라고 하는 진리의 세계가 있을 듯하기 때문이다. 자연 퇴계도 그것을 상징하며 시내로 반짝이고, 인간 퇴계도 그것을 성찰하며 무구無垢를 지향했다. 퇴계는 세계와 인간 존재를 리의 논리로 규정하고 설명했다. 리는 마음 속에 단순히 존재하는 이성이 아니라, 존재의 본질까지 그 의미가 확대되고 강화된다고 할 수 있다. 인간의 마음은 리로써 존재하고, 리의 작용으로 말미암아 세상은 이상화될 수 있다고 믿었다. 자연 퇴계는 이것을 설명하는 중요한 요소를 갖추었으므로 인간 퇴계가 지극히 사랑하지 않을 수 없었다.

퇴계종택 주변에는 퇴계의 손길이 가닿은 유교문화경관이 여럿 있다. 퇴계 생가인 온혜종택에 가면 퇴계 태실이 있고, 봉화 쪽으로 넘어가는 길에는 젊은 날 숙부인 송재 이우(1469~1517)를 모시고 공부했던 청량산의 청량정사가 있다. 그리고 퇴계종택 건너편 시냇가에 새로 복원된 한서암과 계상서당, 퇴계천을 따라 내려가 그 아래쪽에 있는 하계의 퇴계 묘소, 그리고 퇴계를 중심으로 한국사상사의 큰 흐름을 이룩해 갔던 도산서원이 있다. 이 가운데 퇴계 태실은 앞에서 간단히 언급하였으니 생략하고, 나머지를 차례대로 방문해 보기로 하자.

청량산은 퇴계종택에서 봉화로 넘어가는 길목에 있다. 중간에 농암종택 가는 길도 만날 수 있다. 청량산에는 663년(문무왕 3)에 원효대사가 지었다는 청량사가 있고, 거기에는 유리보전琉璃寶殿이 있다. 고려시대 공민왕이 홍건적의 난을 피해 이곳에 머물렀다고 해서 많이 알려진 곳이다. 청량산은 특히 퇴계를 통해 더욱 유명해졌다고 해도 과언이 아니다. 퇴계 스스로가 청량산인淸凉山人이라고 하였을 만큼 이 산을 사랑했고, 젊은 시절 공부하던 청량정사淸凉精舍 오산당吾山堂도 여기에 있다. 그리고 이 산에 있는 백운암白雲庵에 대한 기문을 쓰는 등 여러 편의 글을 남기기도 한다. 이 때문에 퇴계의 제자들은 퇴계를 그리워하면서 일종의 성지를 순례하듯이 청량산을 올랐던 것이다.

청량정사는 퇴계의 공부처로 유명하다. 그 곁에 젊은 시절

청량산의 청량사

청량정사

숙부 송재 이우를 모시고 노닐던 청량사도 있다. 송재 이우는 여기서 조카인 이해와 이황을 비롯하여 사위가 되는 오언의吳彦毅(1494~1566)와 조효연曺孝淵(1486~1530) 등을 가르쳤다. 퇴계는 55세 되던 해 조카와 손자들을 거느리고 청량산을 유람한 적이 있었다. 그때 퇴계는 숙부 송재공을 모시고 청량사에서 공부하던 시절을 회상했다. 그리고 그 아련한 과거를 시로 써서 같이 간 조카와 손자들에게 보인다. 두 수를 지었는데 그 가운데 한 수는 이렇다.

> 청량사 안에서 모시고 노닐던 것을 생각하노니
> 그때의 총각이 이제 눈이 머리에 가득하다네.
> 학의 등을 타고 몇 번을 굽어보니 산천은 얼마나 변했던고?
> 남긴 시 거듭 외워 보노라니 눈물이 줄줄 흐르네.
> 清凉寺裏憶陪遊　丱角如今雪滿頭
> 鶴背幾看陵谷變　遺詩三復涕橫流

퇴계는 15세 되던 해에 형 및 종자형 등과 더불어 숙부를 모시고 청량사에서 공부를 하였다. 이 시의 앞 두 구절에 나타나듯이 그때는 그야말로 '총각'이었다. 그러나 40년 뒤 다시 오르니 자신에게 『논어』를 가르쳐 주던 숙부는 세상을 떠나고 당시 함께 있었던 종자형인 오언의와 조효연도 보이지 않았다. 자신만 머리가 하얗게 된 채 남아 있었던 것이다. 이 때문에 그는 당시의 시를 외우며 눈물을 흘리고, 함께 간 조카 이교李宭(1534~1595)와 손자 이안도(1541~1584) 등에게 "너희들도 뒷날 나의 나이가 되어 여기에 오면 나의 이 느낌을 알 것이다"라고 했던 것이다.

한서암과 계상서당은 계재溪齋와 함께 최근 종가 근처에 복원되었다. 한서암은 퇴계가 50세 되던 해 2월에 퇴계 서쪽에 거처를 정하며 지었고, 4월에는 그 앞에 광영당光影塘을 팠다. '한서'라는 것은 원래 추운 곳, 즉 벼슬을 떠나 산중에서 가난하게 사는 것을 의미한다. 주자가 이것을 즐겨 써서 무이정사武夷精舍에 '한서지관寒棲之館'을 두었는데, 퇴계가 아마도 이것을 따다 쓴 것이 아닌가 한다. 그리고 '광영'은 주자의 시 「관서유감觀書有感」 중에 "하늘 빛, 구름 그림자가 함께 배회를 하네"(天光雲影共徘徊)라는 구절에서 땄다. 퇴계는 한서암과 광영당을 배경으로 여러 수의 시를 짓지만 여기서는 「한서寒棲」라는 작품을 보기로 한다.

초가로 숲 속에 오두막을 지었나니,	結茅爲林廬
그 아래로 찬 샘이 콸콸 솟아오르네.	下有寒泉瀉
느긋이 쉬면서 즐길 만하니,	棲遲足可娛
알아주는 사람 없는 것이 한스럽지 않네.	不恨無知者

한서암 앞에 찬 샘 '한천'이 있다고 했다. 이 한천은 주자가 무이산에 지었던 한천정사寒泉精舍와 이름이 동일하다. 따라서 한

천은 단순한 찬 샘이 아닌 가장 맑고 가장 신선한 샘물로, 심성의 본원을 상징적으로 나타낸 것이기도 하다. 이로 보면 퇴계의 '한서' 역시 가난하고 궁벽한 삶을 뜻하는 것에서 훨씬 벗어나 산속에서 심성의 본원을 함양한다는 의미를 지닌다. 퇴계는 바로 이것을 의식하면서 집을 짓고, 그 이름을 '한서'라 하였던 것이다. 그는 이곳에서 심성의 본원을 깊이 찾아들었으므로, 마지막 구절에서 말한 것처럼 누가 자신을 알아주는 것은 관심의 대상이 아니었다.

퇴계는 한서암을 시내 동북쪽으로 옮겼다가 51세 되던 해 청명을 맞이하여 한서암을 철거하고 시내 북쪽에 일명 계당溪堂이라고 하는 계상서당溪上書堂을 짓는다. 이 계상서당은 퇴계의 본격적인 강학이 시작되었다는 측면에서 중요하다. 율곡栗谷 이이李珥(1536~1584)와 운명적으로 만났던 곳도 바로 이 계상서당이다. 당시 퇴계는 58세, 율곡은 23세였고, 율곡이 처가 성주에서 강릉으로 가는 길에 이곳을 들른 것이다. 이때 율곡은 시를 지어 바치면서, "빼어난 봉우리는 무이산처럼 우뚝하였네"(峯秀武夷山)라며 퇴계를 주자에 빗대었고, 퇴계는 "힘써 공부하여 날로 친해보세"(努力工夫各日親)라면서 서로 열심히 하자며 율곡을 격려하였다.

퇴계의 묘소는 하계의 건지산搴芝山 남쪽 끝자락에 있다. 그 입구에 양진암고지養眞庵古址라는 조그마한 표석이 서 있다. 표석 뒷면에는 「동암언지東巖言志」라는 시를 새겨 두었다. 여기서 퇴계

(위) 양진암고지 표석
(아래) 퇴계의 맏며느리 봉화금씨 묘소와
　　　퇴계 묘소 오르는 계단

는 "동쪽으로 치우친 큰 산기슭 머리에 새롭게 터를 잡았네, 가로 세로로 놓여 있는 바윗돌이 모두 그윽한 정취를 이루고 있네"라면서 만권생애萬卷生涯에 대한 만족감을 표하였다. 46세 되던 해 7월에 부인 권씨가 죽어 장례를 치른 후 하계 동암東巖 곁에 이 양진암을 짓고 여기서 부인에 대한 상기喪期를 마쳤다.

양진암 옛터에서 가파른 돌계단을 딛고 오르면 퇴계의 맏며느리 봉화금씨奉化琴氏의 묘소를 먼저 만난다. 시아버지 묘소 발치에 묻히고 싶다는 유언에 의한 것이라 한다. 상석밖에 놓여 있지 않지만 시아버지를 따르고 싶은 며느리의 간절한 마음이 읽힌다. '며느리 사랑은 시아버지'라는 말도 있듯이, 퇴계는 그의 며느리를 자애로 대하였을 것이다. 이러한 사랑을 받았기 때문에 그 며느리는 살아서는 시아버지 퇴계를 존경으로 모셨고, 죽어서도 그 발치에서나마 모시고 싶었을 것이다.

퇴계의 묘소는 단아하다. 묘소 쪽에서 보면 상석床石과 향로석香爐石이 있고, 그 왼쪽 뒤편으로 서향하여 묘비가 있다. 상석 앞에는 양옆으로 두 기의 동자석이 있고, 그 뒤로 두 기의 망주석이 있다. 다시 그 앞쪽 뒤편으로 두 기의 문인석이 있다. 이것이 전부다. 그러나 퇴계가 이러한 사실을 알았다고 하면, 아마도 이역시 화려하다면서 나무랐을 것이다. 석물들은 세월과 함께 삭아 가며 푸른 이끼 옷을 입은 채 퇴계를 향하여 아득히 묵상하고 있다.

묘소 동측에 서향하고 있는 묘비는 그의 유언에 따라 전면에 '퇴도만은진성이공지묘退陶晚隱眞城李公之墓'라 새겨 놓았다. 여느 사람처럼 관직명을 쓰지 않았던 것이다. 그리고 퇴계는 「유계遺戒」를 내려, 기대승奇大升(1527~1572)과 같은 사람에게 자신의 묘갈명을 쓰지 못하도록 했다. 그는 틀림없이 스승을 높인다며 장황하고 화려하게 쓸 것이기 때문이었다. 이것은 퇴계의 「유계」와 기대승이 쓴 퇴계 묘갈명에 나오는 이야기다. 그러나 아이러니하게도 퇴계의 「자명」을 얹어 기대승이 묘갈명을 썼다. 결국 퇴계가 남긴 말이 제대로 실행되지 못한 셈이다. 묘갈의 글씨는 당대 글씨로 이름이 있었던 금보琴輔(1521~1585)가 썼다.

퇴계가 세상을 떠난 지 4년째 되던 해인 1574년에 도산서원陶山書院이 세워졌다. 퇴계의 서거로 인해서 도산서당이 확대 개편되고 그 기능도 새롭게 할 필요가 있었기 때문이다. 퇴계는 31세 때 온혜 남쪽 양곡暘谷에 지산와사芝山蝸舍를 지어서 권씨부인과 함께 살았다. 50세에 한서암, 51세에 계상서당을 지어 10년 정도의 강학활동을 하였으나, 이곳은 모여드는 제자들을 모두 수용할 수 없을 뿐만 아니라 비바람을 버티지 못하였다. 이에 고

퇴계의 묘비

퇴계의 묘소

심을 하며 서당의 자리를 찾아 나섰고 마침내 찾았다. 57세 때의 일이다. 그리고 도산서당을 지었고, 손수 '도산서당陶山書堂'이라는 현판을 써서 걸었다. 그의 나이 61세 때였다. 다음의 시는 퇴계가 57세 때 도산서당의 자리를 발견한 다음 그 감출 수 없는 기쁨에 대하여 노래한 것이다.

비바람 계상서당으로 불면 침상조차 가리기 어려워,
빼어난 곳에 거처를 옮기려 숲과 언덕을 두루 찾았네.
어찌 알았으리, 한평생 학문을 닦을 곳이,
바로 평소에 나무하고 고기 잡던 곳 곁에 있었을 줄을.
나를 향해 웃는 꽃은 정의가 얕지 않고,
벗을 구하며 우는 새는 뜻이 유장하다네.
세 오솔길을 옮겨 와 거처하고자 다짐하였나니,
즐거운 곳은 누구와 함께 향기를 맡으리?
風雨溪堂不庇牀　卜遷求勝徧林岡
那知百歲藏修地　只在平生採釣傍
花笑向人情不淺　鳥鳴求友意偏長
誓移三徑來棲息　樂處何人共襲芳

퇴계는 「서당을 고쳐 지을 곳을 찾다 도산 남쪽에서 얻어 느낌이 있어 짓다」(尋改卜書堂地, 得於陶山之南, 有感而作)라는 두 수의 시

도산서원 전경

를 짓는데, 이것은 그 첫 번째 수이다. 우리는 여기서 도산에서 서당 자리를 찾고 난 다음 감격스러워하는 퇴계를 만나게 된다. 평소 나무하고 풀 베며 고기 잡던 곳에 자신이 그토록 찾던 낙처樂處가 있었다고 하여 의미를 더욱 깊게 했다. 이상향은 우리가 일상생활을 하는 곳에 있다는 것으로 그 뜻이 확대될 수 있기 때문이다. 이렇게 좋은 자리를 찾아 도산서당을 지은 퇴계는 성리학적 호중천壺中天[10]을 만들었다. 암서헌, 관란헌, 정우당 등 수많은 사물에 대한 명명의식命名意識을 보면 이것을 바로 알 수 있다.

　　퇴계가 태어났던 노송정, 젊은 시절 공부했던 청량산의 청량정사, 수양하고 강학했던 양진암과 한서암, 그리고 계상서당과 도산서당, 그의 육신이 묻힌 묘소, 그를 기리기 위해 세운 도산서원 등의 문화경관이 종택 주변에 즐비하다. 우리는 여기서 퇴계의 손길과 함께 숨결을 느낄 수 있다. 도산서원을 배회하고 예던 길"을 걸어 보라. 이를 통해 우리는 퇴계가 지녔던 본지本志가 무엇인지를 깨닫게 된다. 진지한 사색으로 자연 속에서 발견한 인간의 길도 함께 찾을 수 있게 될 것이다.

주

1) 軍器寺副正: 조선시대 正三品衙門으로 무기나 깃발 등 軍器 등의 제조를 담당하던 기관이다. 都提調, 提調, 正, 副正 등의 다양한 관원이 있다. 이 가운데 '부정'은 從三品에 해당한다.
2) 古松流水: 蘇軾이 「觀棋」라는 시의 서문에, "바둑 두는 소리를 고송과 유수 사이에서 홀로 듣는다"(獨聞棋聲于古松流水之間)라고 하면서 일반화되었다. 盧守愼(1515~1590)의 葛隱九曲 중 제7곡이 '古松流水齋'이며, 조선 후기 화단에서 金弘道와 이름을 나란히 하였던 李寅文(1745~1821)의 호가 古松流水舘道人이다.
3) 李村: 진성이씨의 시조인 이석이 살던 마을이다. 李家源이 지은 「李村遺蹟碑銘」에 의하면, 이촌은 옛날 진보현 관아 남쪽 수백 보쯤에 있으며, 도자기를 굽던 옛터가 남아 있다고 한다.
4) 司諫院獻納: 조선시대 司諫院의 正五品 관직으로, 주로 국왕에 대한 諫諍

과 封駁을 담당하였다. 그러나 실제 임무는 이에 제한되지 않고 사간원의 다른 관료와 함께 탄핵 및 법률 제정 등에 참여하기도 했다.
5) 大司憲: 조선시대 사헌부의 최고 벼슬로 從二品이다. 현실적인 정무를 논하고, 모든 관료를 규찰하며 풍속을 바로잡고, 억울함을 풀어 주는 일 등을 관장하였다.
6) 시내: 시내는 원두가 있는 강의 상류에 위치하므로 퇴계학에서 매우 중요한 사상적 의미를 지닌다.「연보」'50세조'에 퇴계 서쪽에 자리 잡기 전에 "霞明洞 紫霞峯 아래에 땅을 얻어 집을 짓다가 끝내지 못했고, 다시 竹洞으로 옮겼으나 또 골이 좁고 시냇물이 흐르지 않기 때문에 마침내 溪上으로 정하였으니, 무려 세 번이나 옮겨 살 곳을 정한 것이다"라고 기록해 두고 있다. 퇴계는 이렇게 집을 지을 때도 시내를 중시했다.
7) 黃錦溪: 黃俊良으로 그의 호가 금계이다.
8) 道南壇所: 상주의 도남서원이 대원군 때 철폐되었고 이에 따라 성현을 모시기 위한 제단만 그 자리에 설치해 두었다. 도남단소는 이때의 이름인데, 지금은 서원으로 다시 복원되어 있다.
9) 清凉精舍: 현재 위치의 청량정사는 1832년(순조 32)에 퇴계의 청량산 遊山을 기념하기 위하여 사림이 세운 것인데, 1896년 일본군의 방화로 소실되었다가 1901년에 중건한 것이다. 정면 5칸, 측면 1칸 반의 규모이다. 건물 안에는 清凉精舍, 吾山堂, 雲棲軒, 止宿寮, 幽貞門 등의 현판이 걸려 있다.
10) 壺中天: 『後漢書』「方術傳」에 나오는 신선에 관한 고사에서 유래되었다. '하나의 호리병 속의 하늘'이라는 뜻인데 별천지나 이상세계 등을 비유적으로 표현한 것이다.
11) 예던길: 낙동강을 따라 도산서원에서 청량산까지 이어지는 길로, 퇴계가 즐겨 다니던 오솔길이라고 생각되는 부분을 중심으로 경상북도가 2008년에서 2009년에 걸쳐 만들었다.

제2장 퇴계의 삶과 집안 다스리기

1. 물러나기 위해 나아간 삶

퇴계는 진성인眞城人으로 이름은 황滉, 처음에는 서홍瑞鴻이라 불렀다. 자도 계호季浩에서 나중에 경호景浩로 바꾸었다. 호는 많이 알려진 퇴계退溪와 함께 지산芝山, 청량산인淸涼山人, 도옹陶翁, 도수陶叟, 퇴도退陶 등이 있으며, 시호는 문순文純이다. 1501년(연산군 7)에 태어나서 1570년(선조 3)에 서거하였으니 향년이 70세이다. 아버지 이식李埴과 어머니 춘천박씨 사이에 태어났으며, 여덟 남매 가운데 막내다. 아버지가 퇴계 생후 일곱 달 만에 병으로 죽자 어머니 슬하에서 교육을 받으며 자랐다.

퇴계가 어머니의 「묘갈명」에서 그렇게 언급하고 있듯이, 어머니로부터 가장 많은 영향을 받은 듯하다. 어머니 춘천박씨는 퇴계가 홀어머니 밑에서 버릇없이 자라는 것을 경계하여 그를 더욱 엄하게 교육시켰다. 어쩌면 그의 일생은 어릴 때 어머니로부터 받은 교육이 어떤 원형原型으로 작용하였는지도 모른다. 원형은 마르지 않는 샘물과 같은 것이다. 퇴계에게는 어머니와의 경험이 이러한 역할을 하며 이후 다양한 실천적 형태로 나타났을 것이다.

퇴계 영정

퇴계는 이마가 특히 넓어 어릴 때 광상廣顙이라 불렸다고 한다. 지금도 퇴계 영정을 보면 이마가 특히 넓은데 아마도 이것을 염두에 두고 그린 것이리라. 젊어서 공부로 인해 병이 많았다고 한다. 「자명自銘」에 자라서 병이 많았다고 한 표현이나, 건강을 유지하기 위하여 『활인심방活人心方』에 따라 지속적인 스트레칭을 한 것이나, 편지에 질병에 관한 언급이 자주 등장하는 것 등에서 이러한 사실을 확인할 수 있다. 이로 인해 그의 영정도 조금 수척해 보이는지 모르겠다.

우리는 흔히 퇴계를 '동방의 주자'라 부른다. 고려 말에 주자학이 유입된 후 퇴계의 시대에 와서 비로소 본격화되었기 때문이다. 퇴계는 주자학을 이해하는 과정에서, 여기서 더욱 나아간 사유를 하게 된다. 리기理氣가 서로 의존하면서도 다르다는 이원론적 사고를 유지하고 있었으나, '리'의 운동성을 강조함으로써 이것이 더욱 근원적인 것임을 주장하고 있기 때문이다. 이러한 주리론은 영남학파의 사상적 구심체 역할을 하였으며, 동시에 율곡栗谷 이이李珥(1536~1584)의 주기론主氣論을 종지로 하는 기호학파와 대립하면서 조선 사상사 발전에 커다란 기여를 하였다.

퇴계의 구체적인 생애와 사유체계에 대해서는 여기서 재론하지 않는다. 이미 여러 책에서 언급되어 있기도 하지만, 그의 생애를 일관하는 중요한 핵심 가운데 하나를 추적하여 삶의 본질을 들여다보는 것이 더욱 의미가 있기 때문이다. 공자가 그러했듯이 퇴계는 호학정신好學精神으로 일관했던 사람이었다. 학문을 위해서 태어나 학문을 하다가 돌아갔으며, 마침내 학문으로 후세에 이름을 남긴 사람이다. 학문에 대한 구체적인 실천이 출처出處 의식, 즉 나아가고 물러나는 의식과 결합되어 있다. 「물러나기 위해 나아간 삶」이라는 제목은 바로 이 때문에 설정한 것이다.

퇴계는 청요직을 두루 역임하였다. 과거를 거친 다음 권지승문원부정자權知承文院副正字에서 저작著作, 박사博士, 전적典籍, 육조좌랑六曹佐郞, 삼사낭관三司郞官, 외직수령外職守令, 대사성大司成, 군직상호군軍職上護軍, 첨지중추僉知中樞, 판관判官, 판서判書, 좌찬성左贊成 등 당시 양반관인이 문과를 거쳐 요직·고관에 이르는 경로를 순차적으로 밟으며 마침내 종일품인 판중추부사判中樞府事[12]에 올랐다. 세상을 뜬 뒤에는 영의정으로 추중되고 '문순'이라는 시호가 내려졌으며, 다시 종묘배향宗廟配享과 문묘종사文廟從祀가 이루어졌으니, 신하로서 혹은 학자로서 최고의 영예를 누렸다고 하겠다.

퇴계는 다양한 벼슬살이를 하였으나 벼슬이 자신의 뜻은 아니라고 말했다. 사실 퇴계는 난진이퇴難進易退의 출처 논리에 따라 수없이 벼슬을 사양하였다. 한 조사에 의하면, 퇴계가 임금의 부름을 받은 횟수는 140여 회가 넘고, 벼슬을 사양한 횟수는 70여 회나 된다고 한다. 학문에 뜻을 두고 끊임없이 벼슬을 사양하였으며, 마침내 승낙이 내려오기 전에 고향으로 돌아오고 만다. 이 때문에 감사로부터 두 계급을 강등당하기도 했다. 이처럼 퇴계는 돌아가기를 간절히 희망했고, 은거하면서 학문을 한 사람으로 평가받고자 했다. 자신의 묘갈에 '만은晚隱'이라고 새길 것을 주문한 것에서 이러한 사실을 분명히 알 수 있다. 다음 글에서도 퇴계의 이에 대한 근본적인 생각이 깊이 스며 있다.

> 중년에 망령되이 세상길에 나아가 비바람에 엎어지고 객사에서 머뭇거렸으니, 거의 돌아오지 못하고 죽을 뻔하였다. 그 후 나이가 들수록 병이 깊어지고 행동에 차질이 생겨, 세상은 나를 버리지 않아도 나는 세상을 버리지 않을 수 없었다. 이에 새

장에서 벗어나 밭이랑에 분수를 맡기니, 앞에서 말한 산림지락山林之樂이 기약하지 않아도 내 앞에 다다랐다. 그렇다면 내가 지금 오랜 병을 없애고 깊은 근심을 풀며 늘그막에 평안히 지낼 곳으로 이를 버리고 어디에서 구하겠는가?

여기서 보듯이 퇴계는 벼슬살이를 새장에 비유하며 거기서 죽을 뻔하였다고 고백하고 있다. 비바람에 엎어지기도 하고 나그네 생활을 하면서 객사에 머뭇거리기도 하였다면서 중년의 자신을 깊이 성찰하였다. 그리하여 그는 세상을 버리지 않을 수 없었던 이유를 제시하고 있다. 본연지성本然之性을 회복하는 데서 생기는 '산림지락'을 맛보기 위해서였다. 여기서의 '락樂'은 자연을 주체로 인간을 거기에 동화시켜 나가는 데서 얻을 수 있는 것이다. 밭이랑에 분수를 맡기면서 늘그막에 편안히 지낼 수 있는 것은 이 '산림' 즉 자연이라고 하였으니, 퇴계는 자연을 통해 도를 온전히 즐기고자 한 것이 된다.

임천복거林泉伏居, 퇴계에게 썩 어울리는 단어다. 자연 속에서 조용히 사색하며 살고자 한 퇴계, 이 때문에 그의 벼슬살이는 모두 자연으로 돌아가고자 하는 마음을 더욱 절실히 하는 데 일정한 기능을 하였다. 생각해 보라. 처음부터 자연 속에 동화되어 사는 것과 번잡한 관직생활 속에서 자연에로의 회귀를 염원하는 것 가운데 어느 것이 자연에 더욱 절실하겠는가! 퇴계의 '퇴의

「자명」비

식'은 벼슬살이를 통해서 오히려 더욱 예각화될 수 있었다. 만약 그가 벼슬에 나아가지 않았다면, 이 '퇴'를 강조하지도 않았을 것이다. 다음은 퇴계 스스로가 자신의 일생을 명문銘文의 형식으로 정리해 놓은 「자명」이라는 글이다.

태어나서는 매우 어리석었고,	生而大癡
자라서는 병이 많았지.	壯而多疾
중년에는 어찌하여 학문을 즐겼으며,	中何嗜學
만년에는 어찌하여 벼슬길을 나섰던고?	晚何叨爵
학문은 구할수록 오히려 멀어지고,	學求猶邈

벼슬은 사양할수록 더욱 몸에 얽혔네.	爵辭愈嬰
세상에 나아가 차질이 많아,	進行之路
물러나 은둔할 것을 생각하였네.	退藏之貞
나라의 은혜는 참으로 부끄럽고,	深慙國恩
성인의 말씀은 정말 두려웠다네.	亶畏聖言
산이 있어 높디높고,	有山巍巍
물이 흘러 끊임없이 흐르네.	有水源源
한가로이 벼슬하기 전으로 돌아가니,	婆娑初服
여러 사람들의 비방도 줄어들었네.	脫略衆訕
나의 회포 여기서 막히니,	我懷伊阻
나의 패옥 누가 구경해 주리.	我佩誰玩
내 고인을 생각하노니,	我思故人
실로 나의 마음과 합치되네.	實獲我心
어찌 알겠는가? 후세 사람들이,	寧知來世
지금의 내 마음을 모른다고 할 줄을!	不獲今兮
근심 가운데 즐거움이 있고,	憂中有樂
즐거운 가운데에 근심이 있네.	樂中有憂
조화를 타고 돌아가노니,	乘化歸盡
다시 무엇을 구하리?	復何求兮

24구 96자, 기대승은 바로 이 명문을 얻어 「퇴계선생묘갈명」

을 썼다. 이 글에 의하면 퇴계는 초년의 어리석음, 청소년기의 득병得病, 중년의 호학好學, 만년의 벼슬로 자신의 생애를 요약하였다. 그는 나라의 은혜에 대하여 부끄러움을 느끼기는 하지만 성인의 말씀을 더욱 두려워한다고 했다. 나라의 은혜는 근실한 관직생활을 통해 갚을 수 있고, 성현의 말씀은 학문을 통해서 실천할 수 있다. 이 양자 가운데 서성이며 퇴계는 고민에 휩싸였고, 마침내 후자를 선택했다. 이로써 그에게 몰려들던 비방도 줄어들 수 있었다고 했다.

사람은 누구에게나 회귀의식이 있지만 퇴계의 경우는 다르다. 벼슬을 하면서 벼슬하기 전으로 돌아가고자 했기 때문이다. 여기에 일가와 친척이 있어 그런 것이 아니다. 학문이 있고, 성현(古人)이 있고, 자연이 있기 때문이었다. "고인古人도 나를 보지 못하고 나도 고인을 뵙지는 못했지만, 고인이 가던 길이 앞에 있으니 그 길을 가지 않을 수 있겠는가"라고 했던 퇴계, 그는 책 속에서 천고의 성현을 만나 그를 스승 삼아 배우고 또한 후학들에게 교육하고자 했다. 그리하여 옛날과 지금의 경계를 없애고 즐거움과 근심의 경계마저 없애고자 했던 것이다.

퇴계의 출처의식에는 '호학정신'이 바탕을 이룬다. 일찍이 공자는 '독신호학篤信好學, 수사선도守死善道'로 호학을 요약한 바 있다. '믿음을 돈독히 하고 배움을 좋아하며, 죽음으로 선한 도를 지킨다'는 말이다. '독신篤信'은 마음자리를 굳건히 하는 것이다. 그리고 배움을 좋아하여 시간을 거슬러 올라가 고인에게 묻고 내려와 나이 적은 사람에게도 배운다. 그러나 이렇게 해도 끝나지 않는다. 바로 실천이 남아 있기 때문이다. 목숨을 걸고 지켜가고자 하는 '선도善道', 그 실천이야말로 호학정신을 완성하는 길이다. 믿음과 배움, 그리고 절실한 실천이 계기적으로 나타나는 공자의 이 발언, 학자의 길에 오른 사람에게 참으로 긴요한 것이 아닐 수 없다.

　　퇴계는 「자명」에서 '구할수록 멀어져 가는 학문'과 '사양할수록 내려오는 벼슬'에 대하여 언급하였다. 그리고 퇴계 속으로 깊이 은거하여, 마침내 즐거움과 근심의 경계조차 무화無化시키며 우주의 질서 속으로 편입하고자 했다. 우리는 여기서 호학정신에 기반을 두고 이룩한 퇴계의 마지막을 본다. 그러나 그 마지막은 다시 처음을 이루어 우리에게 깊은 감동으로 살아난다. 당대의 사람들이 제대로 알지 못했던 퇴계의 마음, 이 때문에 그는 고인에게 물었고, 또한 후세를 기다릴 수밖에 없었다. 물러남의 의미는 이렇게 깊었던 것이다.

2. 부부생활, 도의 첫걸음

소크라테스에 관한 유명한 일화가 있다. 그의 아내 크산티페가 소크라테스와 한바탕 싸우고 분이 덜 풀려 바가지에 물을 떠서 소크라테스에게 들이부었다. 이때 소크라테스 왈曰, "천둥이 친 뒤에는 반드시 비가 오는 법이거든!" 이 여유와 인내가 그를 위대한 철학자로 만들었는지도 모른다. 또 소크라테스는 말했다고 하지 않는가. "결혼은 반드시 하는 것이 좋다. 현처를 만나면 행복할 것이고, 악처를 만나면 철학자가 될 수 있을 것이니까"라고. 소크라테스는 역시 소크라테스인가 싶다.

예나 지금이나 남자와 여자가 서로 만나 가정을 이루고 산다. 본능과 관련이 있으므로 아주 쉬운 듯하지만 사실 이것보다 어려운 것이 없다. 너무 가깝기 때문에 상대에게 상처를 주기도 하고, 이 상처가 원수를 만들어 내기도 한다. 〈사랑과 전쟁〉이라는 드라마도 있듯이, 부부는 참으로 이상한 관계가 아닐 수 없다. '여빈상경如賓相敬'이라고 했던가! 부부끼리 손님처럼 서로 공경하라는 말이다. 서로 사랑하되 아름다운 거리를 유지할 수 있어야 한다. 그 원리가 서로 '공경'하기일 것이다. 이것 없이는 아름다움이 유지되지 않기 때문이다.

 퇴계 또한 한 남자로서 여자를 맞아 혼인을 하였다. 그것도 두 번. 첫 번째 혼인은 21세 때로, 진사進士 허찬許瓚(1481~1535)의 딸이었는데, 같은 나이였다. 허찬은 김해허씨로 집이 경남 의령군 가례면에 있었다. 허찬의 아버지 원보元輔(1455~?)가 고성에서 의령으로 이사를 하면서 의령에 살게 되었다. 그러나 퇴계가 장가들 당시 허찬은 영주에 있었다. 장인 창계滄溪 문경동文敬소(1457~1521)이 슬하에 딸만 둘 있고 아들이 없었으므로 맏사위인 허찬이 영주 초곡草谷에 있는 문경동의 집에 살게 되었고, 허씨부인도 1501년 영주에서 태어났다. 퇴계가 초례를 올린 곳도 바로 영주였다.

 허찬이 의령으로 돌아온 것은 만년으로 보인다. 퇴계는 장인 허찬이 의령에서 세상을 뜨고 처남과 처질들이 줄곧 의령에 살게 되면서 여러 차례 처가를 오가게 된다. 퇴계는 장인 허찬이 세상을 뜨자 그의 「묘갈명」을 짓기도 하였다. 현재 그 후손들은 의령 일대에 흩어져 살고 있으며, 사람들은 가례마을에 있는 '가

의령군 가례마을의 '퇴계이선생유허비'

퇴계의 '가례동천' 석각 글씨

례동천嘉禮洞天'이라는 글씨를 퇴계가 직접 썼다고 전한다. 부인은 현숙하였고 퇴계와 금슬도 좋았으나 건강하지 못했다. 이 때문에 27세의 나이로 둘째 아들 채寀를 낳고 한 달 만에 세상을 뜬다. 1527년 11월의 일이다.

상상해 보라. 사랑하는 젊은 아내를 먼저 저세상으로 보내고 다섯 살짜리 준寯과 이제 막 태어난 핏덩이 채를 보살펴야 하는 27세의 아버지 퇴계의 심정을. 『퇴계연보』에 의하면, 허씨부인이 죽던 해 가을에 퇴계는 경상도 향시鄕試의 진사시進士試에서 수석을 차지하고 생원시에서 2위에 입격入格하였다. 그때 허씨부인은 또 얼마나 좋아하였겠는가! 그러나 퇴계의 첫 번째 결혼생활은 허씨부인의 죽음과 함께 이처럼 불행하게 끝이 나고 말았다.

3년이 지난 뒤 퇴계는 두 번째로 장가를 들었다. 그의 나이 30세였고, 안동군安東郡 풍천면豊川面 가곡리佳谷里에 사는 권질權礩(1483~1545)의 딸이었다. 장가든 지 한 해 뒤에는 살림집을 새로 마련하였다. 영지산 기슭 양곡에 지었던 지산와사芝山蝸舍가 그것이다. 장인 권질은 기묘사화에 연루되어 거제와 예안 등에서 오랫동안 유배생활을 했다. 유배에서 풀려난 뒤에는 고향으로 돌아가지 않고 처가인 지금의 거창군居昌郡 마리면馬利面 영승리迎勝里에 살았다. 권질의 딸은 사화에 연루되어 일문이 풍비박산되자 이에 대한 충격으로 정신이 혼미하게 되었고, 퇴계는 장인의 간곡한 권유로 그를 아내로 맞아 부부의 의를 다하였다고 한다.

둘째 부인 권씨는 우리에게 익숙한 많은 일화를 남긴다. 제사를 지내기 위하여 밤을 제상에 올려놓았는데 그것을 달라며 자꾸 조르거나, 퇴계가 도포를 입고 출타하려고 하는데 그것이 해어져 있는 것을 보고 꿰매 달라고 부탁을 하였더니 흰 도포에 빨간 헝겊을 대고 꿰매 주었다거나, 빗자루를 본으로 삼아 버선을 만들었다거나 하는 이야기들이 모두 그것이다. 이들 일화는 모두 후대에 만들어졌겠지만, 설화가 '근거' 있는 허구라는 점에서 의미가 있다.

거창 영승마을

근거는 다름 아닌 '바보 아내'라 불리는 퇴계의 둘째 아내와 그 아내를 받아들일 수 있는 퇴계의 도량이었다. 그러나 그의 두 번째 결혼생활 역시 오래가지 못했다. 46세 때 권씨부인과도 사별했기 때문이다.

 퇴계의 결혼생활은 몹시 불행했다. 첫째 부인은 일찍 죽었고, 둘째 부인마저 마음에 커다란 상처를 입어 정신에 이상이 있었기 때문이다. 첫째 부인과 7년 동안의 결혼생활, 둘째 부인과 17년 동안의 결혼생활, 이 기간 동안 퇴계의 인간적인 어려움을 무엇으로 이야기할 수 있겠는가? 그러나 퇴계는 강한 인내력을 갖고 있었을 뿐만 아니라, 홀로 계신 어머니가 계시고, 지속해야 하는 공부가 있었기 때문에 이를 크게 문제 삼지 않았다. 천명으로 받아들이고 오히려 부인에게 인간적인 연민을 느끼며 손님처럼 공경하였던 것이다.

 퇴계에게는 일찍이 이런 일이 있었다. 그의 만년 제자인 이함형李咸亨(1550~1577), 그는 『심경강록心經講錄』과 『심경표제心經標題』 등의 주석서를 남긴 인물이다. 그런데 부부간에 금슬이 좋지 않아 서로 얼굴도 보지 않는다는 소문이 돌았다. 퇴계가 이것을 듣고 도산서당에 와서 공부하고 가는 그에게 편지 한 통을 조용히 건네주었다. 봉투에는 '도차밀계간道次密啓看'이라고 쓰여 있었다. '가는 길에 가만히 열어 보아라'라는 말이다. 그 일부를 함께 보기로 하자.

내가 들으니 부부 사이에 금슬이 좋지 못하다고 하는데, 무엇 때문에 이런 불행한 일이 생겼는지 알지 못하겠네. 가만히 보면 세상에는 이런 근심을 하는 경우가 적지 않을 것 같네. 부인의 성질이 고약해서 교화시키기 어려운 경우도 있을 것이고, 얼굴이 못생기고 지혜롭지 못한 경우도 있을 것이고, 남편이 사납고 방자하여 함부로 행동을 해서 그런 경우도 있을 것이고, 좋아하고 싫어하는 것이 정상이 아니기 때문에 그러한 경우도 있을 것이네. 변수가 많아서 다 열거할 수는 없네. 그러나 대체로 말하자면 그 가운데 부인의 성질이 고약해서 교화시키기 어려워 소박맞을 만한 경우가 아니라면, 그 나머지는 모두 남편에게 달려 있는 것이 아니겠는가?

……

나는 일찍이 두 번 결혼했으면서도 한결같이 불행하였네. 그렇지만 이 지경에 처해 있으면서도 나는 감히 아내를 박대하려는 마음을 가져 본 일이 없었네. 아니 오히려 잘 대하려고 수십 년 동안 무척 노력하였다네. 그 사이에 때로 마음이 흔들리고 번거로워 참기 힘들고 민망할 때도 있었네. 그러나 어떻게 정의情義를 돌려 인간의 커다란 인륜을 저버리고 혼자 계신 어머니께 근심을 끼쳐드릴 수 있겠는가? 옛사람이 말했듯이, 아비가 부부의 도를 그르치고서야 뒷날 자식의 부도덕을 어찌 바로잡을 수 있겠는가?

퇴계는 군자의 도는 부부 사이에서 발단이 된다는 『중용』의 글귀를 인용하며 평상平常이 바로 도라는 것을 기회 있을 때마다 가르쳤다. 이 편지 역시 '군자지도君子之道 조단호부부造端乎夫婦'를 강조하며 말한 것이다. 부부간의 불화는 전적으로 남편에게 그 책임이 있다며, 그 스스로도 불행했고 불만이 많았지만 사람이 마땅히 지켜야 할 인륜을 생각하며, 그리고 어머니를 생각하며 슬기롭게 극복했다고 하였다. 퇴계는 "부부간의 문제도 제대로 해결되지 못한 상태에서 학문은 무엇이고 또 실천은 무엇인가"라고 하면서 이함형을 준엄하게 타일렀다.

이함형은 돌아가는 길에 스승의 편지를 보았다. 그리고 퇴계의 솔직하면서도 곡진한 가르침에 깊은 감명을 받았다. 큰 깨달음을 갖고 집에 돌아온 그는 아내에게 스승과 있었던 오늘의 일을 이야기하면서 철저하게 반성하였다. 그리고 마침내 예전의 관계를 회복하여 누구보다 좋은 부부관계를 유지하고 행복한 가정을 만들었다고 한다. 전해 오는 이야기에 의하면, 퇴계가 세상을 떠나자 이함형은 그의 가족과 함께 부모상과 같이 3년복을 입었을 뿐 아니라, 대대로 퇴계의 제사를 모신다고 한다. 퇴계가 아니었으면 가정이 유지되지 않았을지도 모를 일이었기 때문이다.

이즈음 우리는 퇴계의 측실側室에 대해서 이야기를 하지 않을 수 없다. 『퇴계연보』 '31세조'에 "적寂이라는 서자가 태어났다"라고 적고 있다. 아들에게 보내는 편지 가운데도 '너의 서모'

에 대한 이야기를 자주 하고 있어, 이 부분을 연구한 학자들은 대체로 허씨부인이 죽은 후 퇴계가 아이들의 양육을 위해 소실을 들인 것으로 보고 있다. 그러나 오늘날의 관점으로 퇴계와 그 시대의 제도를 재단하지 말자. 역사와 그 역사를 사는 인간은 언제나 시대적 특수성을 거느리고 있기 때문이다.

 퇴계를 사랑했다는 단양의 관기 두향杜香, 근거 있는 기록을 찾을 수 없지만 세간에 이야기가 파다한 것은 사실이다. 이야기에 의하면, 당시 퇴계는 48세로 단양군수에 부임했는데, 여기서 18세의 두향을 만난다. 두향은 퇴계가 매화를 특별히 좋아하는 것을 알아 매화분을 퇴계에게 보내고, 퇴계는 단양으로부터 돌아올 때 그것을 가져다 도산서당에 심고 두향을 보는 듯했다는 것이다. 이후 두향은 기적妓籍을 버리고 퇴계를 생각하며 쓸쓸히 살다가 퇴계가 세상을 떴다는 소식을 접하고 자진自盡하여 충주호 강선대 근처에 묻히게 되었다는 것이다. 사실을 훨씬 뛰어넘어 하나의 흥미 있는 스토리텔링이 되었기 때문에, 오늘날 많은 사람이 퇴계와 두향의 사랑 이야기에 열광하는지 모르겠다.

 퇴계의 결혼생활, 한마디로 불행했다. 그러나 그것 때문에 그의 인생이 불행하게 되었거나 그의 학문이 불행하게 된 것은 아니다. 퇴계는 부부에게서 군자의 도, 그 실마리가 열린다는 『중용』의 발언을 신뢰하였다. 일상적인 것에서 지극한 것이 드러난다고 생각했기 때문이다. 따라서 퇴계는 손자 안도에게 편지하여 부부 사이라도 반드시 지켜야 할 '예경禮敬'이 있다고 했다. 부부는 지극히 친밀親密하면서도 지극히 정근正謹해야 하는 자리이기 때문이다. '여빈상경'은 그 구체적인 실천 방안이었다.

3. 준과 안도에게 띄운 편지

　　제가齊家를 제대로 하는 것은 수기修己를 통해서 가능하다고 말한다. 이것은 틀림없는 사실일 것이다. 수기로 말미암아 옆으로는 아내와 예경禮敬을 다할 수 있고, 위로는 선조에 대한 효도를 다할 수 있으며, 아래로는 자제들에게 자애를 다하게 될 것이다. 이러한 것 가운데 자제에 대한 문제는 교육적 측면에서 많은 시사점을 제공한다. 전통적 가정교육이 완전히 무너진 오늘날 우리에게 특별히 그러하다.

　　가정 안에서 아버지의 위엄을 유지하기란 쉽지가 않다. 가정은 이성이 지배하는 사회와 달리 감성이 지배한다. 이 때문에 맹자도 자식의 허물을 아버지가 덮어 주고, 아버지의 허물을 자식이 덮어 주는 것이 바른 길이라고 가르치지 않았던가. 성현의 글을 읽으며 근엄주의를 표방했던 조선시대의 성리학자들도 그 자신이 자식을 친히 가르치기가 그리 쉽지 않았을 것이다. 그러나 조선의 선비들은 때로는 아버지가 되고 때로는 스승이 되어 타이르면서 가르치고 가르치면서 타일렀다. 이 때문에 급문록及門錄을 보면 아들과 손자들도 그 제자로 오를 수 있었던 것이다.

퇴계는 그의 아들 준寯(1523~1583)과 손자 안도安道(1541~1584)를 어떻게 가르쳤을까? 문헌의 기록에 근거해 볼 때 그는 참으로 자상한 아버지이며 할아버지였던 것 같다. 그러나 엄격한 스승이기도 했다. 안도가 다섯 살 되던 무렵 퇴계는 『천자문』을 손수 써서 가르쳤고, 아들 준에게 끊임없이 독서하고 강학할 것을 요구하였다. 이처럼 퇴계는 자녀 교육에 특별한 관심을 가졌고, 이에 따른 편지도 많다. 가정생활과 관련된 자잘한 일들이 많아 문집을 만들면서 9할 정도를 배제시켰다. 그러나 1997년 퇴계학 연구자 권오봉權五鳳 교수가 『퇴계서집성退溪書集成』을 만들면서 많은 자료를 발굴하였고, 최근 도산서원 광명실光明室에 소장된 유묵遺墨이 공개되면서 다시 추가적으로 발굴되었다.

예나 지금이나 편지는 내밀한 이야기를 많이 전한다. 이 때문에 문집에서 보는 엄격한 모습이 많이 부드러워지기도 한다. 그러나 이 부드러워지고 흐트러진 모습에서 우리는 인간적인 면을 발견한다. 조선시대의 문집을 보면 그 주인공이 천편일률적으로 반듯하다. 그러나 고문서 형태로 남아 있는 편지에는 때로는 감성적이고 때로는 욕망에 이끌리기도 한다. 이러한 일상에서 우리는 고인의 혈관 속에 흐르는 따뜻한 피를 감지한다. 퇴계가 그의 아들 준과 손자 안도에게 보낸 편지를 주목하는 이유도 바로 여기에 있다. 이 글에서는 준을 먼저 살피고 안도를 나중에 살핀다.

퇴계는 아들이 모두 세 명 있었는데, 준과 채寀와 적寂이다. 채는 21세의 젊은 나이로 죽고 적은 측실의 소생이니, 자연히 퇴계는 맏아들 준에게 관심을 집중하지 않을 수 없었다. 준은 자가 정수廷秀인데, 어릴 때부터 가정의 분위기에 물들어 별로 힘들이지 않고도 터득하는 것이 많았다고 한다. 제용감참봉濟用監參奉, 안기찰방安奇察訪, 사온직장司醞直長, 전생주부典牲主簿, 봉화현감奉化縣監 등을 두루 역임하였다. 특히 퇴계가 세상을 떠났을 때 아버지의 유계에 따라 일을 잘 봉행했다고 한다.

아들에게 보낸 퇴계의 편지[13]는 생활인으로서의 그의 진면목을 볼 수 있게 한다는 측면에서 중요하다. 퇴계 나이 40세 되던 해부터 처가살이를 하는 17세의 준에게 편지를 보내기 시작한다. 대개 우리는 문집을 통해서 퇴계의 학문이나 전아한 성품 등을 이해한다. 그러나 퇴계는 아들에게 편지를 보내며, 과거科擧에 대한 일을 낱낱이 살피면서 공부에 매진할 것을 당부한다. 이것은 퇴계가 벼슬을 사양하고 퇴의식退意識에 입각하여 은거하였던 것과는 완전히 반대되는 것이어서 우리를 당혹케 한다.

퇴계는 집안의 대소사에 대해서도 세심한 관심을 보이고 있었다. "손이孫伊는 말을 몰게 하고, 언석彦石이 끄는 소나 말 중 아무것이나 몰고, 얼음이 얼기 전에 평해平海에 가서 소금과 미역을 사 오도록 시키는 것이 좋을 것이다"라는 대목에서 볼 수 있는 것처럼, 어떤 하인을 데리고, 어디에 가서, 무엇을 해야 하는지를 분명하게 지시하기도 했다. 일상생활에 관심이 없으면 이러한 내용이 편지에 담기기가 불가능하다. 특히 농사문제는 밭에 인분을 주는 도구에까지 관심이 미쳤다. 아래 글에 그 장면이 나온다.

> 듣자하니 남녀 하인들이 모두 태만하고 일을 제대로 하지 않아 걱정이 많다고 하는구나. 그중에서 특히 게으름을 부리는 하인들을 가려서 종아리를 때려 경고를 하는 것이 좋을 것이다. 또 밭에 인분을 뿌릴 도구를 하나도 준비하지 않았다고 하니 보리를 키울 일이 어려울 것이다. 어찌하면 좋겠느냐!

퇴계는 그의 아들에게 하인 다루는 법을 가끔 이야기하였다. 인자해야 할 때는 건강을 보살피며 인자해야 하지만, 엄격해야 할 때는 종아리를 쳐서라도 바로잡아야 한다는 것이 그의 생각이었다. 그리고 밭에 거름을 제대로 뿌려야 보리가 잘 자라는

데 똥바가지를 준비하지 못했다는 소식을 듣고 걱정하기도 한다. 이뿐만 아니라 잇따른 비로 인해서 파종과 기와 굽는 일이 늦은 것, 한필漢弼이라는 하인이 소에게 떠받혔다는 소식을 듣고 농사철을 걱정하며 소의 뿔을 자르게 한 일 등 퇴계의 관심은 참으로 세심한 데까지 나아갔다. 우리는 여기서 대학자 퇴계의 이면에 흐르고 있는 따뜻한 인간미를 느끼게 된다.

    퇴계는 손자에게도 특별한 관심과 애정을 표하였다. 그에게는 세 명의 손자가 있었다. 앞에서도 잠시 언급했지만 안도, 순도純道, 영도詠道가 바로 그들이다. 이 가운데 맏손자 안도에게는 각별한 정을 쏟았다. 안도는 아명이 아몽阿蒙, 자는 봉원逢原, 호는 몽재蒙齋였다. 목청전참봉穆淸殿參奉, 풍저창부봉사豊儲倉副奉事, 상서원부직장尙瑞院副直長, 사온서직장司醞署直長 등을 두루 역임하였다. 특히 퇴문退門의 자사子思로 불리던 동생 영도와 함께 할아버지 퇴계의 연보와 문집을 만들기 위한 기초 자료를 조사하고 정리하는 데 많은 힘을 쏟았다.

    손자 안도에게 보낸 퇴계의 편지[14]는 모두 125통이다. 퇴계가 55세 되던 해부터였는데 당시 안도의 나이는 15세였다. 관례를 치르고 할아버지를 따라 청량산을 오르내리던 때였다. 그러나 퇴계가 그의 손자 안도에게 보낸 편지 역시 『퇴계집』을 만들 때 많은 부분을 제외하였다. 이것도 아들 준에게 보낸 편지와 마찬가지로 생활 소사와 관련된 자잘한 이야기로 보고 편집자들이

뺐기 때문이다. 아마도 대학자 퇴계에게 있어 이러한 작은 일들과 이에 대한 관심은 누가 된다고 생각했던 모양이다.

장손長孫에게 남다른 관심과 애정을 보였던 퇴계는 편지를 통해 안도에게 다양한 소식과 당부를 전하였다. 아버지 준의 부임 소식이나 가족의 건강 상태 등은 물론이고 사람을 어떻게 사귀고 공부는 어떻게 해야 하는지에 대해서도 꼼꼼하게 적었다. 안도가 편지에서 잘못 쓴 글자가 있으면 이것을 어김없이 지적하기도 했다. 예컨대, 어른에게 올리는 글의 문장 끝에 '이㸦' 자를 많이 쓰는 버릇이나, 묻는 말끝에 '야耶' 자로 쓴 것은 '부否' 자로 바꾸어 써야 한다는 것 등 안도의 글쓰기에 대해서도 구체적으로 지적하며 가르쳤다. 특히 안도의 학문 성취와 과거시험에 대한 대비는 퇴계에게 무엇보다 중요한 관심거리였다.

소년 시절 용수사를 서재로 여기며,
기름 대신 관솔불을 얼마나 밝혔던가?
가훈을 잊지 않고 경계하던 그때,
리理의 근원엔 어두워 지금토록 찾고 있네.
늙은 마음으로 네게 바라노니 조상 은덕을 이어받고,
충고하는 벗의 힘을 입어 큰 꿈을 꾸어라.
문은 눈 덮인 산에 싸여 인적이 적막할 터,
한 치의 시간이라도 아끼길 바라노라.

少年龍社擬書樓　　幾把松明代爇油
家訓未忘當日戒　　理源仍昧至今求
老情蘄汝承遺澤　　忠告資朋尚遠謀
門擁雪山人寂寂　　好將同惜寸陰遒

　1566년 안도 나이 26세, 여러 친구와 함께 근처에 있는 용수사龍壽寺에 가서 공부를 하고 있었다. 이듬해에 있을 대과시험에 대비하기 위함이었다. 용수사는 퇴계의 아버지와 숙부, 퇴계의 형제들이 과거공부를 했던 곳이다. 당시 아버지와 숙부에게는

용수사 일주문

용수사

조부께서 시를 써서 독려했고, 자신의 형제들이 공부할 때는 숙부께서 시를 써서 격려했다고 하면서, 이제 자신도 글을 읽는 안도에게 시를 써서 권면勸勉한다고 했다. 위의 시는 바로 퇴계가 안도에게 권면을 당부하며 보냈던 시 두 수 가운데 하나이다. 이처럼 퇴계는 과거에 대하여 무척 많은 관심을 보이며 자제들을 독려하였던 것이다.

　　퇴계가 그의 아들과 손자에게 보낸 편지를 읽고 있으면 마음이 바로 훈훈해진다. 빛나는 논리를 가진 스승의 이면에 있는 준과 안도의 따뜻한 아버지와 할아버지를 만날 수 있기 때문이다. 인간 퇴계! 그는 정치적으로 남인이 숭배하고, 철학적으로 주리학파主理學派가 열광하는 그런 근엄하고 냉철한 모습이 아니다. 엄격하면서도 자상한, 그리하여 위대한, 그런 아버지이며 할아버지다. 많은 사람이 우리가 살고 있는 시대를 일컬어 스승이 없는 시대라고 말한다. 그리고 아버지와 할아버지가 없는 시대라 말하기도 한다. 이 때문에 우리에게 퇴계는 더욱 그리운 존재인지도 모르겠다.

주

12) 判中樞府事: 종1품의 조선시대 중추부 최고의 벼슬이다. 문무당상관으로서 소임이 없는 사람들을 대우하는 기관인데 관찰사나 병마절도사를 겸하기도 했다.
13) 아들에게 보낸 퇴계의 편지: 이장우·전일주, 『퇴계 이황, 아들에게 편지를 쓰다』(연암서가, 2008)에서 일부 번역 소개되었다.
14) 손자에게 보낸 퇴계의 편지: 정석태, 『안도에게 보낸다』(들녘, 2005)에서 퇴계가 안도에게 보낸 편지 125통과 안도에게 준 시 2제, 준에게 보낸 1통을 묶어서 번역한 바 있다.

제3장 퇴계가 사람들

1. 종손의 계보

계보는 시간적 계통과 공간적 관계를 통해 이루어진다. 이 것은 사회적일 수도 있고 정치적일 수도 있지만, 가문 안으로 한정시켜 보면 여기에는 두 가지의 중요한 의미가 내포되어 있다. 하나는 종적으로 자기 가문의 혈통을 어떻게 보존하는가 하는 것이고, 다른 하나는 횡적으로 다른 가문과 어떻게 결속되는가 하는 것이다. 이 때문에 조선시대의 명망 있는 가문들은 경쟁적으로 계통과 관계를 일정한 형식에 의거해서 보여 주는 족보를 만들기 위하여 노력하였고, 그 전통은 오늘날도 여전히 계승되고 있다.

퇴계를 불천위로 하는 퇴계 가문은 혼인 등을 통해 퇴계의 급문 집안과 학문적 혹은 혈연적 연대를 맺으면서 영남의 큰집 역할을 하였다. 종손들은 대현大賢의 혈손으로서 강한 자부심을 지녔고, 영남의 다른 문중에서는 이에 대한 존경의 예를 표하였다. 이러한 질서 속에서 퇴계 가문은, 한편으로는 가문학으로서의 심학心學을 계승하였으며, 다른 한편으로는 현실 문제에 능동적으로 대응하면서 지위에 상응하는 도덕적 책무를 다하였다. 우선 퇴계 가문의 종손 계보를 『진성이씨상계파세보眞城李氏上溪派世譜』와 연민淵民 이가원李家源(1917~2000)이 엮은 『퇴계가록退溪家錄』를 참고하여 간단히 정리해 본다.

퇴계는 김해허씨와 안동권씨를 아내로 맞는데, 김해허씨 사이에서 준과 채를 두었다. 그리고 측실에게서 적을 두었다. 이준李寯(1523~1583)은 군기시첨정軍器寺僉正[15]을 하였으며, 봉화금씨 사이

『진성이씨상계파세보』 중 7세 퇴계 부분

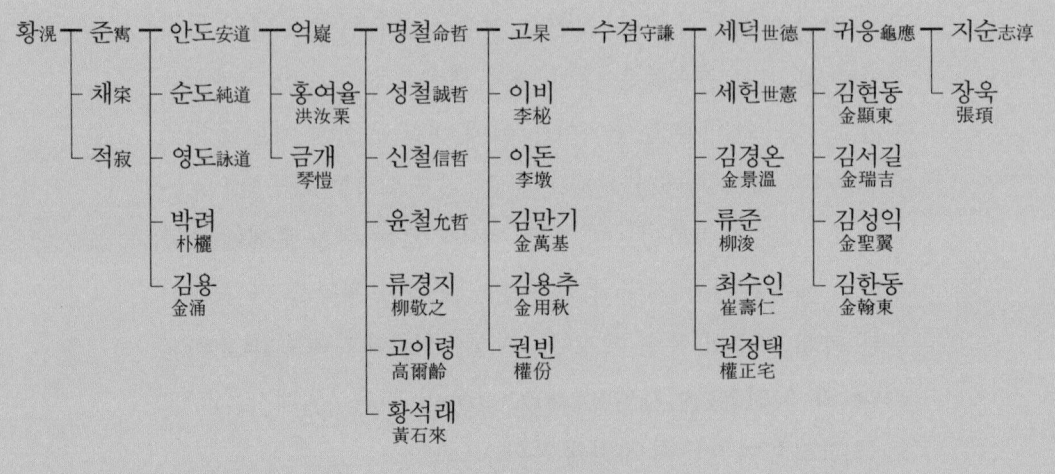

에 안도, 순도, 영도와 두 딸을 두었다. 이안도李安道(1541~1584)는 사온서직장司醞署直長[16]을 하였으며, 안동권씨 사이에 두 딸을 두었을 뿐 아들이 없어 동생 영도의 둘째 아들 억을 양자로 들였다. 이억李嶷(1595~1636)은 사직서참봉社稷署參奉[17]을 하였으며, 창녕성씨 사이에 명철, 성철, 신철, 윤철과 세 딸을 두었다. 이명철李命哲(1614~1651)은 경기전참봉慶基殿參奉[18]을 하였으며, 봉화금씨 사이에 딸을 다섯 두었으나 아들이 없어 동생 성철의 맏아들 고를 양자로 들였다.

이고李杲(1649~1708)는 예천군수醴泉郡守[19]를 하였으며, 의성김씨

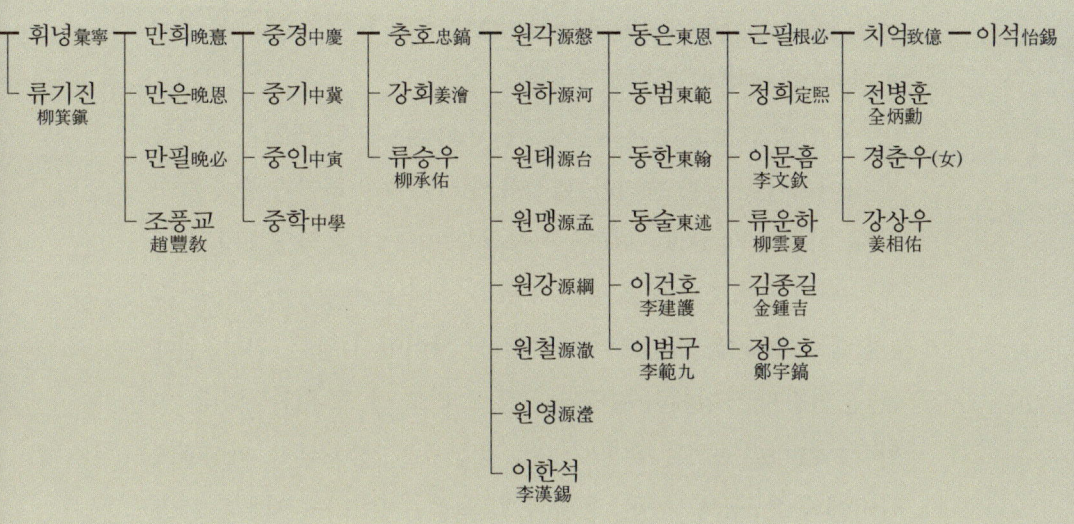

사이에 아들 수겸을 두었고, 이수겸李守謙(1674~1715)은 흡곡현령歙谷縣令[20]을 하였으며, 부림홍씨 사이에 세헌, 세덕과 네 딸을 두었으나 맏아들 세헌이 일찍 죽어 둘째 세덕으로 대를 이었다. 이세덕李世德(1701~1749)은 증사복시정贈司僕寺正[21]이며, 남양홍씨 사이에서 귀응과 딸 넷을 두었다. 이귀응李龜應(1729~1789)은 증이조참의贈吏曹參議[22]이며, 평양박씨 사이에서 지순과 딸 하나를 두었다. 이지순李志淳(1762~1807)은 증이조참판贈吏曹參判이며, 의성김씨 사이에서 딸 하나만 두어 그 대를 재종형 승순承淳의 셋째 아들 휘녕으로 잇게 했다. 이휘녕李彙寧(1788~1861)은 동부승지부총관同副承旨副摠管[23]

을 하였으며, 안동권씨와 혼인하였으나 아들을 두지 못하여 종제 휘경彙絅의 셋째 아들 만희로 뒤를 이었다.

이만희李晩熹(1825~1859)는 성균진사成均進士를 하였으며, 풍산류씨 사이에서 중경과 중기를, 완산류씨 사이에서 중인과 중학을 두었다. 이중경李中慶(1844~1888)은 사릉참봉思陵參奉[24]을 하였으며, 풍산류씨 사이에서 충호와 딸 둘을 두었다. 이충호李忠鎬(1872~1951)는 장릉참봉章陵參奉[25]을 하였으며, 의성김씨 사이에서 원각, 원하, 원태를, 순천김씨 사이에서 원맹과 원강, 그리고 딸 하나를 두었다. 이원각李源慤(1892~1975)은 학생學生으로 풍산류씨, 청송심씨, 의성김씨 사이에 동은, 동범, 동한, 동술과 딸 둘을 두었으며, 이동은李東恩(1909~2009)은 의성김씨 사이에서 근필, 정희와 딸 넷을 두었고, 이근필李根必(1932~)은 진양정씨 사이에서 치억과 딸 셋을 두었다. 이치억李致億(1975~)은 전주이씨와 혼인하여 이석怡錫을 두었다.

퇴계는 시조로부터 7세손이고, 퇴계를 중시조로 하면 이이석까지 현재 18대가 내려왔다. 이 사이에 퇴계종가에서는 종손의 대를 잇기 위하여 양자를 네 번 들였다. 3대 이억, 5대 이고, 10대 이휘녕, 11대 이만희가 바로 그들이다. 벼슬은 내직을 담당하는 경우가 있기도 하였지만, 대체로 군수나 현령 등 외직을 선호하였으며 낮은 벼슬의 한직이었다. 이것은 관직보다 향촌에서 퇴계 종손의 임무에 충실히 하며 학문을 닦고자 했던 생각이 이들의 실천에 반영된 결과가 아닌가 한다.

퇴계 종손의 혼인에는 안동이라는 지역적 연고와 퇴계학파라는 학문적 연고가 많이 작용하였다. 세 번의 혼인관계를 맺은 의성김씨와 풍산류씨 가문, 두 번의 혼인관계를 맺은 안동권씨와 봉화금씨 가문이 그 대표적이라 하겠다. 이들 가문은 퇴계종택과 근거리에 있으면서 영남 북부의 대표적인 명문일 뿐만 아니라, 학봉 김성일과 서애 류성룡 가문과는 학연으로 밀착되어 있다. 이 밖에 창령성씨, 부림홍씨, 남양홍씨, 평양박씨, 진양정씨, 전주이씨 가문과도 혼인을 맺는데, 이 역시 지역성과 학문적인 연고가 많이 작용한 것이라 하겠다.

퇴계 종손들의 이름자를 가만히 살펴보면 매우 흥미로운 점이 발견된다. 7대 종손 이수겸 이후 그 이름자에 '마음 심'(心) 자가 반드시 들어가기 때문이다. 세덕世德, 귀응龜應, 지순志淳, 휘녕彙寧, 만희晚熹, 중경中慶, 충호忠鎬, 원각源慤, 동은東恩, 근필根必, 치억致億, 이석怡錫을 보면 항렬자를 제외한 모든 글자에 '心'이 들어 있다. 이근필의 초명 돈환惇煥 역시 '심'이 포함되어 있다. 이에 대한 확실한 근거가 문헌으로 남아 있지 않고, 종손과의 면담에서도 나타나지 않지만, 1715년 이수겸 대에 건축된 추월한수정秋月寒水亭과 관련이 있는지도 모르겠다. 이후 다시 언급하겠지만, '추월한수'는 성현상전聖賢相傳의 심법을 의미하는 것이기 때문이다. 퇴계의 심법을 대대로 마음에 새기자는 의미가 아닌지 모를 일이다.

퇴계 종손의 계보에는 다소의 폐쇄성이 드러나는 것이 사실이다. 같은 집안끼리 중첩적으로 혼인을 하였으며, 가까운 지역의 명문이 주 대상이었다. 그리고 학문적 연계성도 많이 고려되었다. 이것은 교통이 발달하지 못한 전통시대에 나타나는 보편적인 현상이라 하지 않을 수 없다. 무엇보다 중요한 것은 급변하는 시대를 맞아 안으로는 불천위 제사를 받들고 밖으로는 여러 사람을 만나면서 퇴계의 정신을 어떻게 계승할 것인가 하는 것이다. 그 계승의 방식이 새로운 문제로 부각되는 시점에 오늘이 놓인다.

2. 손부 안동권씨

　　퇴계가를 지키는 데 있어 중요한 역할을 한 사람들이 많지만, 그 가운데 여성들을 빼놓을 수 없다. 죽어서도 시아버지의 발치에 묻히고 싶어했고 또 그렇게 되었던 맏며느리 봉화금씨, 집안의 계통을 세우기 위하여 노력하였던 손부 안동권씨, 자제들에게 경전을 한글로 번역하여 가르쳤던 평양박씨는 대표적인 퇴계 종가의 종부들이다. 퇴계가 둘째 며느리를 개가시켰다는 이야기가 남아 있듯이, 이야기 속의 퇴계는 대체로 며느리에게 따뜻한 시아버지로 그려져 있다. 1554년 12월 2일, 퇴계가 손자 안도에게 보낸 편지의 한 구절을 들어 보면, 퇴계의 이러한 마음이 전달된다.

오늘 네 아내가 내 생일이라고 두건과 버선을 보내왔더구나.
성의는 고맙다만, 아직 서로 만나 보지도 못하였는데 이와 같
이 선물을 받는 것이 마음에 걸리는구나. 아무쪼록 내 뜻을 잘
일러 주면 참으로 좋겠구나.

안도가 혼인을 하자 퇴계는 부부의 의리에 대하여 특별히 강조하였다. 이러한 퇴계가 11월 25일 생일을 맞았는데, 안도의 아내 안동권씨가 퇴계에게 두건과 버선을 선물로 보냈다. 당시 퇴계는 상계마을에 있었고, 안도는 근처에 있는 사찰에 글을 읽으러 갔으며, 손부인 권씨는 시댁으로 아직 신행新行을 오지 않은 상태였다. 이 때문에 퇴계는 위와 같이 아직 서로 만나 보지 못한 상태에서 선물을 받아 마음에 걸린다고 하였던 것이다. 그러나 이러한 마음이 손부에게 전해지기를 바라는 그 편지에서 우리는 퇴계의 섬세함을 느낄 수 있다.

퇴계종택으로 들어가기 위해 가장 먼저 거쳐야 하는 문이 있다. 열녀문이다. 열녀문이 바로 종택의 대문 역할을 하기 때문이다. 거기에는 '烈女通德郎行司醞署直長李安道妻恭人安東權氏之閭'로 새겨져 있다. 읽어 보면 '열녀 통덕랑 행 사온서직장 이안도 처 공인 안동권씨지려'가 된다. 안동권씨는 퇴계의 손자 이안도의 아내로, 19세에 시집을 왔다. 이렇게 시집온 안동권씨에게 어떻게 열녀문이 내려졌을까? 『삼강행실도』의 속편으로 1617

열녀 안동권씨 정문

년(광해군 9)에 만든 『동국신속삼강행실도東國新續三綱行實圖』[26]를 보자. 여기에 「권씨절행權氏節行」이라는 제목으로 그 내용이 전한다. 옛글은 띄어쓰기만 하고, 이를 다시 현대어로 바꾸어 본다.

권시는 안동부 사름이니 딕장 니안도의 안해라 싀어버이롤 셤기믈 효도ᄒ더니 지아비 죽거놀 흔옷 니브며 거적 ᄭᆞᆯ고 듀야의 우러 소리롤 그치디 아니키롤 다숫ᄃᆞ리러라 이믜 샹호매 병이 더옥 기퍼 긔절ᄒ엿다가 도로 사라 비로소 달힌 조즙를 마시고 쑬나출 먹디 아니 ᄒ며 머리 빋디 아니 ᄒ며 ᄯᅴ 그르디 아니ᄒ 기롤 스믈 세히롤 ᄒ니라 일즉 닐오디 내 죽디 아니 ᄒᄂᆞᆫ 바ᄂᆞᆫ 후이롤 위호미라 이제 만일 니우리롤 셰디 아니ᄒ면 주거셔 주근 사름을 디하의 가보디 몯홀거시라 하고 지아비 아ᄋᆞ 영도의 아돌로ᄡᅥ 후롤 사므니라 금샹됴의 정문ᄒ시니라

권씨는 안동부의 사람이니 직장 이안도의 아내이다. 시아버지 섬기기를 효도로써 하였는데, 남편이 죽자 흩옷을 입고 거적을 깔고 밤낮 울어서 소리 그치지 않기를 다섯 달이나 하였다. 소대상을 끝내고 병이 더욱 깊어져서 기절을 하였다가 다시 살아나 비로소 달인 조의 즙을 마시면서도 밥은 먹지 않고 머리도 빗지 않았으며 띠 풀지 않기를 스물세 해나 하였다. 일찍이 이르기를 "내가 죽지 않는 것은 후사後嗣 때문이다. 지금 만

약 뒤 이을 사람을 세우지 않으면 죽어서 돌아가신 사람들을 지하에서 볼 수가 없다"라고 하고 남편의 아우 영도의 아들로 뒤를 이었다. 금상今上조에 정문을 하시었다.

『동국신속삼강행실도』가 모두 그렇지만, 「권씨절행」 역시 그림이 먼저 있고, 한문과 언해가 나중에 있다. 그림을 자세히 살펴보자. 산이 여러 개로 중첩된 산골이다. 상계를 그렇게 표현한 것이리라. 산 위로는 구름이 뭉게뭉게 피어나고 그 아래로는 깊은 숲이 있으며, 숲 속에 남편의 죽음을 슬퍼하는 권씨가 있다. 모두 두 개의 그림인데, 하나는 상복을 입고 슬피 울면서 상식上

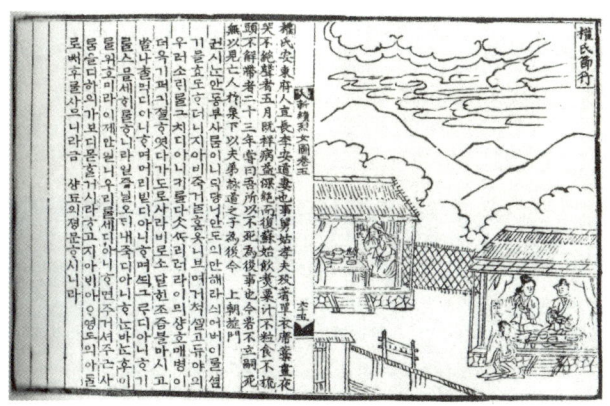

『동국신속삼강행실도』, 「권씨절행」

食을 올리는 장면이고, 다른 하나는 정신을 차리고 겨우 연명하면서 영도와 상의하여 영도의 아들로 시아버지 퇴계와 남편 안도의 뒤를 잇게 하는 장면이다. 이를 글로 설명한 것이 바로 위에서 든 것이다.

위의 글에 의하면 권씨는 남편 이안도가 죽었을 때, 온 마음으로 상례를 치렀으며 이뿐만 아니라 23년 동안이나 한결같이 죽은 남편을 그리워하며 애절하게 살았다고 한다. 쌀로 만든 밥을 먹지 않고, 머리를 빗지 않고, 상복의 띠를 풀지 않았다는 것을 그 예로 들었다. 죽은 지아비를 위한 안도 부인의 절개를 『동국신속삼강행실도』는 글과 그림으로써 극적으로 표현하고자 하였던 것이다. 이에 대해서 권씨의 묘지명을 쓴 택당澤堂 이식李植(1584~1647)은 이렇게 말하고 있다.

> 공인은 홑옷을 입고 땅에서 자며 곡소리를 끊지 않았고, 아침저녁으로 단지 물만 마실 뿐이었다. 대개 다섯 달을 이렇게 하자, 힘이 빠져서 일어날 수가 없었다. 문중에서 억지로라도 회복하여 종사를 도모하도록 했다. 이에 공인은 깨달아 비로소 콩가루를 물에 타서 마셨는데, 1년 이후에 비로소 미음을 먹기 시작하였다. 복을 마친 후에도 오히려 심상心喪을 하여 쌀로 된 밥은 먹지 않고, 솜으로 만든 옷을 입지 않았으며, 머리를 빗지 않고, 띠도 풀지 않으면서 거의 20년을 하루같이 하였다.

공인은 이안도의 부인 권씨인데, 이식은 위의 글로 권씨의 열행烈行을 상세하게 전한다. 권씨의 열행을 소개하면서 『동국신속삼강행실도』는 퇴계의 종사를 잇는 것에 권씨가 중요한 역할을 했다고 특기하고 있다. 시아버지에 대한 효도와 지아비에 대한 공경이 그 후손을 잇는 데로 나아가고 있었다. 이안도 역시 치상治喪을 너무 애통하게 하여 일찍 죽었으며, 그리하여 아들이 없었다고 한다. 남편을 따라 바로 목숨을 끊고 싶었지만 종통을 잇지 못하면 지하에서 시아버지와 남편을 볼 면목이 없다고 하면서, 시동생 영도의 아들로 후사를 잇게 했다는 것이다. 이 대목에 대하여 이식은 이렇게 썼다.

> 하루는 퇴계 선생의 문인들이 사사로이 선생의 막내 손자 영도로 하여금 선생의 제사를 받들게 하는 것을 의논하였다. 공인이 이를 듣고 한탄하며 말하기를, "제공諸公들은 우리 집에서 배웠으면서 끊어진 대를 잇는 의리는 생각하지 않고 무엇을 보았소? 내가 아직 죽지 않았으며, 예서에서도 끊어졌을 때는 대신하는 것이 마땅하다고 하였소. 나의 시동생에게 마침 차남이 있으니 이 아이가 나의 후손인데, 지금 어찌 갑자기 이것을 의논하시오?"라고 하였다. 이에 제공이 부끄러워 얼굴을 들지 못하였다. 막내 시동생에게는 과연 차남이 있었는데, 드디어 세워서 후사로 삼았다.

권씨는 이처럼 퇴계의 대를 잇는 것을 매우 중시했다. 특히 임진왜란 당시, 집안이 쇠락하여 몹시 가난하였다고 한다. 이때 권씨는 종사의 일을 홀로 담당하며 곤궁하다고 하여 제사를 빠뜨리는 일이 없었다. 그리고 무엇보다 퇴계가 남긴 글이나 예로부터 내려오는 다양한 문헌들, 이를 간직하기 위하여 온갖 노력을 기울였다. 이 때문에 지금까지 퇴계와 관련된 유문이나 유품들이 온전히 남아 있을 수 있었다. 이는 권씨가 남편 안도에 대한 열행만이 아니라 오늘날 퇴계학이 있게 한 데도 일정한 역할을 했다는 것이다. 열녀 권씨가 특별한 것은 바로 이 때문이라 하지 않을 수 없다.

　　퇴계의 손부 안동권씨는 1542년(중종 37)에 태어나서 1606년(선조 39)에 세상을 뜬다. 슬하에는 3명의 딸이 있었다. 이들은 군수 홍여율洪汝栗, 목사 금개琴愷, 진사 박홍경朴弘慶에게 시집을 갔다. 그리고 양자로 삼은 시동생 이영도의 둘째 아들 이억은 장성하여 부용당芙蓉堂 성안의成安義(1561~1629)의 딸과 혼인을 하였는데, 이들은 명철, 성철誠哲, 신철信哲, 윤철允哲과 류경지柳敬之, 고이령高爾齡, 황석래黃石來에게 시집을 간 딸들을 낳는다. 또한 전하는 이야기에 의하면, 열녀 안동권씨는 창녕성씨를 며느리로 맞이하고 난 후, 자신의 소임을 다했다고 생각하여 그 이튿날 조용히 남편의 뒤를 따라 세상을 떴다고 한다.

　　퇴계종가의 대문이자 안동권씨의 정문, 이를 보면서 어떤 사람은 불평등을 생각할지도 모르겠다. 아내가 죽으면 거의 예외 없이 이루어졌던 남편의 재혼과 자의든 타의든 남편이 죽으면 평생 동안 지켜 가기를 요구했던 아내의 절의에 대해서 말이다. 분명 열녀는 봉건적 가부장제하에서 사대부 남성들이 도덕과 윤리의 이름 아래 그 정당성을 부여했던 하나의 폭력적 이데올로기였다. 퇴계의 손부 안동권씨에게도 이러한 점이 발견되지만, 퇴계의 종통宗統을 지키기 위하여 양자를 들이는 과정, 전쟁 통에도 퇴계의 유문遺文을 지키기 위하여 고생하는 과정은 여타의 경우와 비교해 볼 때 특별한 점이 있다고 하지 않을 수 없다. 그야말로 권씨는 여성의 몸으로 '재조일문再造一門'을 했다고 해도 과언이 아니다.

3. 손자의 손자들

　　퇴계를 불천위로 하는 퇴계가에서는 가문의 돈목敦睦에 대하여 어느 가문보다 많은 관심과 노력을 기울였다. 족보의 편찬은 물론이거니와 고계古溪 이휘녕과 같이 「팔고조도八高祖圖」를 그려 시조 이후 17세손까지를 여러 곳에서 조사하여 도표로 그리기도 하고, 그의 현손 연민 이가원(1917~2000)과 같이 「가승운기家乘韻紀」 500언을 지어 진성이씨의 연원으로부터 19세손까지의 세계를 노래하기도 한 것에서 이러한 사정을 확인할 수 있다.

　　일찍이 아버지 퇴계로부터 도를 들으면서 깨끗한 벼슬살이로 소문이 났던 이준, 할아버지 퇴계의 희망을 굳건히 유지하면서 연보를 만들거나 『성학십도聖學十圖』를 교정했던 손자 이안도,

임진왜란의 난리 속에서도 집안을 지켰던 안도의 아내 안동권씨 등 수많은 후손과 며느리들이 있었다. 이들은 퇴계에 대한 존경심과 퇴계가 가고자 한 길을 지키고 현창하기 위하여 노력하였다. 여기에서는 퇴계를 불천위로 받든 종손들 가운데 몇 분만 선택하여 간단히 소개해 둔다.

1) 이수겸(1674~1739)

퇴계의 6대 종손 이수겸李守謙은 자가 익경益卿으로, 흡곡현감歙谷縣監을 지냈다. 아버지는 예천군수를 지낸 고栐이고 어머니는 의성김씨, 아내는 부림홍씨이다. 이수겸은 도산서원 원장 권두경이 추월한수정을 지을 때 종중의 차원에서 적극적으로 협조하며 이 일이 완성되는 데 커다란 공헌을 하였다. 퇴계가 살던 옛 터가 이미 상속에 의해 다른 성씨에 귀속되어 있던 것을 속환贖還으로 되찾아오기도 하고, 70년 전의 일들을 고문서에서 찾아내어 추월한수정의 조영造營이 성공적으로 이루어질 수 있도록 온갖 노력을 기울였다.

이수겸이 1728년(영조 4)에 일어났던 무신란戊申亂 당시 의병을 일으킨 것도 특기할 만하다. 묘갈명에 그렇게 기록되어 있듯이 효가 옮겨져 충이 된 것이라 할 수 있다. 무신란은 소론의 강경파가 일부 남인들과 일으킨 사건으로, 경종이 영조에게 독살되었다는 의혹과 함께 영조는 숙종의 친아들이 아니라는 것 등을 그 명분으로 내세웠다. 이로써 영조를 폐하고 소현세자의 증손인 밀풍군密豊君 탄坦을 왕으로 추대하고자 하였던 것이다. 여기에 영남의 사림들도 많이 참가하게 되었으며, 이 사건의 실패로 인해 조선 후기의 영남은 노론에 의한 탄압 대상이 되기도 했다.

이수겸은 무신란에 반대하였다. 무신란이 일어났을 때 그는 계상의 집에 있었다. 변란變亂이 일어났다는 소식을 듣고 도산서원으로 달려가 집안사람들과 고을 사람들 가운데 명망 있는 자들을 모아 창의했다. 이에 사람들은 그를 의병대장으로 삼았다. 이수겸은 먼저 퇴계의 사당에 가서 거의擧義하게 된 까닭을 고하고, 읍으로 들어가 창의소를 설치, 격문을 띄워 병사를 모집하고 군량미를 확보했다. 안동 의병장 류승현柳升鉉과 연합하여 출발하려고 했으나, 반란군이 이미 관군에 의해 궤멸되었다는 소식을 듣고 군사를 파하였다.

2) 이귀응(1729~1789)

퇴계의 8대 종손 이귀응李龜應은 자가 종서宗瑞, 호가 십매헌十梅軒이다. 공릉참봉恭陵參奉과 강릉참봉康陵參奉 등에 제수되었으나 부임하지 않았고, 백천군수白川郡守를 지냈다. 이수겸의 손자로 아버지는 현감을 한 세덕이고 어머니는 남양홍씨이며, 장가는 평양박씨에게 들었다. 그는 선조 퇴계와 같이 매화를 특별히 좋아하여 뜰에 매화 열 그루를 심고 자호를 '십매十梅'라 하였다. 이뿐만 아니라 문학적 재능도 뛰어나 뜻이 맞는 친구가 오면 술을 마시며 시를 짓곤 하였다고 한다.

이귀응이 학문적으로 관심을 가진 것은 가문학인 퇴계학과 그 연원이 되는 주자학이었다. 2책으로 된 『상목편常目編』이라는 책을 만든 것에서 이를 잘 알 수 있다. 이 책은 『주자전서』와 『퇴계전서』 가운데 몸을 닦고 마음을 다스리는 데 가장 긴요한 말들을 뽑은 것이기 때문이다. 이뿐만 아니라 족제族弟인 귀명龜明에게 『심경心經』과 『근사록近思錄』을 베끼게 하여 이를 읽고 외우면서 날마다 자신을 성찰해 나갔다.

이귀응의 아내였던 평양박씨에 대하여 이 자리에서 잠시 언급해 둘 필요가 있다. 박씨는 취금헌醉琴軒 박팽년朴彭年(1417~1456)의 후손으로 당시 여군자女君子로 널리 알려져 있었다. 봉제사奉祭祀 접빈객接賓客 등의 집안일은 물론이거니와 유가 경전에 상당한 실력을 갖추고 있었기 때문이다. 특히 어려운 경전을 한글로 번역하는 데 많은 힘을 기울였다. 박씨가 번역한 것은 『논어』, 『맹자』 등의 사서와 정자와 주자의 행장, 퇴계의 언행록 등이었다. 이는 국문을 위주로 하는 여자들도 리학理學을 공부해야 한다는 생각에 기반을 둔 것이라 하겠다.

3) 이지순(1762~1807)

　　퇴계의 9대 종손 이지순李志淳은 자가 치화穉和, 호가 성류정 省流亭이다. 한성부판관漢城府判官, 한산군수韓山郡守, 경산현령慶山縣令 등을 지냈다. 아버지 귀응과 어머니 평양박씨 사이에서 태어났는데, 특히 어머니 박씨는 도산시陶山詩를 항상 읊어 주며 그에게 이것을 외우게 하였다. 이지순은 퇴계의 종손으로서 강한 자부심을 가지고 가학을 잇기 위하여 노력하였다. 「퇴계」시 가운데 "시내에 이르니 성찰의 오묘함이 있네"(臨流有省之秘)라고 하는 구절에서 '성류'를 인용해 그의 호로 삼은 데서 이 같은 사정을 확인할 수 있다.

　　이지순은 퇴계의 수양론적 핵심인 '경敬'에 대하여 특별한 관심을 가졌다. 성현의 격언을 모아서 엮은 『대월록對越錄』도 모두 이 때문이었다. 여기서 말하는 '대월'은 주자가 「경재잠敬齋箴」에서 "마음을 가라앉혀 거처하기를(潛心以居), 마치 상제와 마주한 듯이 하라(對越上帝)"라고 한 데서 인용한 것이다. 그는 이 책을 집에 있거나 관에 있거나 항상 책상 위에 두고, 아침에 일어나 단정히 앉아 몇 번을 읽었다고 한다. 이것은 먼저 마음을 곧게 한 후 사물에 접근하기 위한 노력의 일단이었다. 그가 선조의 『고경중마방古鏡重磨方』을 열심히 읽은 것도 같은 맥락에서 이해된다.

　　이지순은 퇴계의 가르침으로 문중의 자제들을 가르쳤다. 가장 중시한 것은 '효우공검孝友恭儉' 네 글자였다. 여기에 입각하여 그는 "우리 선조는 덕德을 쌓고 인仁을 쌓아 문호의 기반을 다졌는데, 자손된 자가 진실로 교만하거나 사치하며 또한 무례하면 고인들이 말한 복추지계覆墜之誡에 거의 가깝지 않겠는가"라고 하면서 문중의 자제들을 타일렀다고 한다. '복추지계'란 당나라 사람 유빈柳玭이 '집안을 망치는 다섯 가지의 잘못'[27]을 내세우며 집안의 자제들을 훈계한 것이다.

4) 이휘녕(1788~1861)

퇴계의 10대 종손 이휘녕李彙寧은 자가 군목君睦, 호가 고계古溪이다. 의금부도사義禁府都事, 호조좌랑戶曹佐郞, 서산瑞山·영천永川의 군수郡守, 밀양密陽·동래東萊의 부사府使 등을 역임하였고, 동부승지부총관, 돈령부도정敦寧府都正 등을 지냈다. 아버지 승순과 어머니 경주최씨 사이에 태어났으며, 재종숙再從叔 지순의 양자가 되었다. 퇴계가 계상에서 고학古學을 창도한바, 이를 연원으로 하여 퇴계가 거닐던 곳에 서재 두 채를 지은 뒤, 각각 상우尙友와 민구敏求라 하고 이를 합쳐 '고계정사古溪精舍'라 하였다.

이휘녕 역시 퇴계의 종손으로서 가문학을 계승하고자 노력했다. 「팔고조도八高祖圖」를 그려 퇴계의 선조와 후손에 대한 계통을 분명히 한 것이나, 『십도고증十圖攷證』을 써서 퇴계의 『성학십도』에 대한 자세한 고증을 한 것에서 그가 무엇에 힘을 쏟고 있었던가 하는 것을 바로 알 수 있다. 고계정사의 두 서재 이름을 '상우'와 '민구'라 한 것도 같은 맥락에서 이해된다. 즉 농려農廬 강헌규姜獻奎가 쓴 「고계정기古溪亭記」에서 확인할 수 있듯이 '상우'는 급문 집안 학자들과의 학문적 연대를, '민구'는 가학을 통한 적전嫡傳의 계승을 의미하기 때문이다.

이휘녕이 가문학으로서의 퇴계학, 여기서 나아가 성리학에 잠심하면서도 향촌과 사회문제에 많은 관심을 보였다는 측면을 주목할 필요가 있다. 그 대표적인 것은 병산서원의 『여강지廬江志』 편찬에 대한 반대 입장을 분명히 한 것이다. 『여강지』 편찬은 호계서원 측의 『대산실기大山實記』와 대립각을 세운 것으로 영남 사림의 분열을 초래할 수 있기 때문이다. 이 밖에 국정 현안에 관심을 보이며 상소를 통해 위기적 현실의 대안책을 제출하기도 했다. 정학正學의 숭상과 보급, 재용財用의 절약과 장리贓吏의 척결, 선비의 우대와 예양禮讓 풍조의 고양 등을 들며 상소한 것이 그것이다.

퇴계의 종손들은 퇴계학을 가학으로 계승하는 측면이 강하다. 퇴계의 아들 이준, 손자 이안도와 이순도, 그리고 이영도는 퇴계에게 직접 배웠으니 직전제자다. 이들의 아들과 손자들도 부조父祖의 학문을 가학으로 꾸준히 계승하고자 했다. 이들은 퇴계의 혈손이라는 자부심을 갖고 이준과 이안도처럼 퇴계의 문집을 만드는 데 적극적인 노력을 기울이기도 하고, 이수겸처럼 퇴계의 유지遺址를 고증하고 정비하기도 했다. 그리고 무엇보다 이귀응과 이지순처럼 매화를 지극히 사랑하거나 선조의 『고경중마방』을 읽는 등 퇴계와 같은 삶을 살아가고자 하는 종손이 많았다.

퇴계가 상계에 있으면서도 현실적인 문제에 대해 편지를 통하여 다양한 관심을 보였듯이, 종손들 역시 마찬가지였다. 이수겸이 1728년(영조 4)에 일어났던 무신란을 제압하기 위해 의병대장이 되거나, 이휘녕이 당대의 현안 문제에 명쾌한 논리를 세워 상소한 것 등이 모두 여기에 해당한다. 이러한 의식이 확대되어 퇴계 가문은 한말이나 일제강점기에 강한 주체적 역량을 보이며 위정척사운동이나 민족운동의 선봉에 설 수 있었다. 이만손李晩孫(1811~1891)의 영남만인소嶺南萬人疏 운동이나, 이만도李晩燾(1842~1910)의 단식 순국, 「광야廣野」의 시인 이원록李源祿(1904~1944)의 치열한 독립운동 전개 등 허다한 실천 역량이 모두 그러한 것이다.

> 주

15) 軍器寺僉正: 군기시는 병기·기치·집물 등의 제조 업무를 관장하기 위해 설치되었던 관서이다. 관원으로는 도제조와 제조를 두어 감독하게 하고, 그 아래 정·부정·첨정·별좌·판관 등이 있었다. 이준은 이곳에서 첨정을 하였다.

16) 司醞署直長: 사온서는 궁중에서 술과 감주 등을 마련해서 바치던 일을 담당하던 관서이다. 관원으로는 令・丞・직장・부직장 등이 있었다. 이안도는 이곳에서 직장을 하였다.
17) 社稷署參奉: 사직서는 사직단과 그 토담의 청소를 담당하기 위해 설치했던 관서이다. 도제조・제조・영・참봉 등이 있었다. 이억은 이곳에서 참봉을 하였다.
18) 慶基殿參奉: 경기전은 전라북도 전주시 완산구에 있었던 조선시대 廟社로, 태조 이성계의 御眞을 모신 곳이다. 이명철은 이곳에서 참봉을 하였다.
19) 醴泉郡守: 예천군은 경상북도 북서부에 위치한 곳으로, 이고는 이곳에서 군수를 하였다.
20) 歙谷縣令: 흡곡은 강원도 통천지역의 옛 지명이다. 이수겸은 이곳에서 현령을 하였다.
21) 司僕寺正: 사복시는 輿馬・廐牧 및 목장에 관한 일을 관장하기 위해 설치된 관서이다. 이세덕은 이곳의 정으로 추증되었다.
22) 吏曹參議: 이조는 육조의 하나로 文選・勳封・考課 등에 관한 일을 관장하던 관서이다. 이귀웅은 이곳의 참의로 추증되었다.
23) 同副承旨副摠管: 동부승지는 승정원의 정3품 당상관직이다. 이휘녕은 이곳에서 부총관을 하였다.
24) 思陵參奉: 사릉은 경기도 양주군 진건면 사릉리에 있는 조선 제6대왕 단종의 비 정순왕후 송씨의 능이다. 이중경은 이곳에서 참봉을 하였다.
25) 章陵參奉: 장릉은 경기도 김포시 풍무동에 있는 조선 제16대왕 인조의 아버지로 추존된 元宗과 그의 비 인헌왕후 구씨의 능이다. 이충호는 이곳에서 참봉을 하였다.
26) 『東國新續三綱行實圖』: 1617년(광해군 9) 임진왜란 이후 피폐해진 유교적 가치관을 제고하고 혼란한 민심을 수습하기 위해 발간한 것이다. 실제 인물을 선택하고 계급과 성별의 차별 없이 행실이 뛰어난 자는 모두 망라했다는 점에서 특징이 있다.

27) 집안을 망치는 다섯 가지의 잘못: 『소학』에서 제시한 柳氏家訓이 그것이다. 즉, 스스로 안일을 추구하고 담박한 생활을 좋아하지 않는 것, 儒學을 알지 못하고 古道를 좋아하지 않는 것, 자기보다 나은 사람을 싫어하고 자기에게 아첨하는 자를 좋아하는 것, 한가하게 노는 것을 좋아하며 술을 즐겨 마시는 것, 높은 벼슬을 얻는데 급급해서 권세 있는 사람들을 가까이하는 것 등이 그것이다.

제4장 옛 문헌이 남긴 향기

1. 종택의 고서와 고문서

"하夏나라의 예는 말할 수 있지만 기杞나라에 대해서는 실증하지 못하고, 은殷나라의 예는 말할 수 있지만 송宋나라에 대해서는 실증하지 못한다. 문헌이 부족하기 때문이다!" 『논어』에 보이는 공자의 말씀이다. 문헌은 과거로 거슬러 오르며 시간 여행을 할 수 있는 유일한 통로이다. 성리학과 퇴계를 알 수 있는 것도 모두 문헌에 근거한 것이다. 문헌이 모두 가치가 있다고 말할 수는 없지만, 이를 다리로 삼지 않고서는 새로운 것도 근거를 가질 수가 없다.

퇴계의 고향인 안동과 영남은 다른 지역에 비해 문헌이 풍부하다. 이 때문에 도산서원으로 가는 길목에 위치한 한국국학진

홍원은 이들 문헌을 조사·수집, 보존·연구하는 지역의 거점 국학연구센터가 될 수 있었다. 퇴계종가에 전해 오던 고문헌 역시 2003년 6월 이후 고서 116종 792책, 고문서 258점이 이 기관에 기탁 보관되고 있다. 이 밖에도 서화류가 30점, 기타 궤와 안경통 등 민속자료가 8점이다. 기증 문헌의 목록은 『국학자료 목록집(상)』[28]에 「진성이씨 상계종택」의 자료로 정리되어 있다.

고서는 『논어집주대전論語集註大全』 등의 유가 경전류와 『성리대전性理大全』 등의 성리서류, 『문공가례의절文公家禮儀節』 등의 예서류, 『어정규장전운御定奎章全韻』 등의 운서류, 『진성이씨세보眞城李氏世譜』와 같은 족보류, 『화산지花山誌』 등의 지지地誌류가 있고, 대종을 이루는 것은 영남지역 선현들의 문집이다. 문집은 『퇴계집』을 비롯해서 그 제자들의 문집과 그 이후에 나온 영남 문집들도 다수 보관되어 있다.

퇴계종택에는 당연히 중요한 판본들로 구성된 퇴계의 문집이 있고, 이 가운데 필사본으로 남아 있는 상계본上溪本 『퇴계집』도 있다. 이에 대하여 한국국학진흥원은 "1910년 이후 퇴계 후손들이 번남본樊南本[29]을 바탕으로 하여 도산서원 광명실에 남아 있던 시문 가운데 수록되지 않은 것과 새롭게 발굴된 퇴계의 시문을 추가하여 정리한 것이다. 전체의 체제는 『주자대전朱子大全』의 형식을 취했으며 수록된 내용은 초본初本, 중본中本, 정본定本 가운데 중본을 기준으로 했다고 한다"라고 소개하고 있다.

고문서 가운데는 교지가 가장 많은데, 모두 218점이나 된다. 이 가운데 증시贈諡 교지를 비롯한 퇴계의 것이 62점, 장사랑將仕郎 교지를 비롯한 이준李寯의 것 27점 등, 퇴계 종손과 그 며느리들의 것으로 이루어져 있다. 이 밖에 퇴계의 교서敎書가 4점, 「권지승문원부정자權知承文院副正字」 등 첩帖이 4점, 금응래琴應來 등 4인이 발급한 분재기 등이 2점, 예천군수 이고李杲가 홍생원에게 보낸 간찰이 1점, 이수겸을 의병장에 의망擬望하는 등의 망기望記가 2점, 이안도의 「대책문對策文」 등 시권試券이 19점, 조정에서 퇴계에게 올린 제문 7점 등이 대체로 그것이다.

퇴계에게 문순文純이라는 시호를 내린 교지를 같이 보도록 하자. 교지는 1576년(선조 9) 12월에 내려온 것인데 퇴계가 세상을 뜬 지 6년 뒤의 일이다. 퇴계의 시호에 관한 논의는 1572년 류희춘柳希春(1513~1577)에 의해 최초로 발의되었다. 그러나 선조는 집안에서 행장을 갖추어 시호를 청하지 않았고, 전례가 없었던 일이어서 뒷날 폐단이 될 수도 있다며 윤허하지 않았다. 이후 이에 관한 여러 차례의 논의가 있었는데, 사헌부가 1573년(선조 6) 11월 25일에 선조에게 아뢴 내용을 보면 당시의 사정을 알 수 있다.

졸卒한 증영의정贈領議政 이황은 믿음을 도타이 하고 학문을 좋아하였으며 나아가기는 어렵고 물러나기는 쉽게 여겼는데 이러한 절조節操는 옛사람에게서도 찾아보기가 어렵습니다.

또 의리를 발휘하여 유도儒道를 도운 공로는 진실로 동방에서 일찍이 없었던 바입니다. 행장을 기다리지 말고 시호를 속히 내리기를 바라는 공론이 나온 것은 참으로 우연이 아닌데, 전례를 핑계로 곧 시행하도록 명하지 않으셨습니다. 속히 시행하도록 명하여 세도世道를 격려하시기 바랍니다.

이에 대하여 선조는 "지금 전에 없던 일을 시작하여 뒷날 폐단을 열 수는 없다. 윤허하지 않는다"라고 하였다. 그러나 선조는 결국 퇴계의 묘지墓誌 등을 가져와서 해당 부처에 시켜 퇴계의 시호를 의논하여 정하게 했다. 퇴계의 시호 논의는 여러 번의 검토 과정을 거쳐 1576년 11월 4일 '문순'으로 교지가 내려오기에 이르렀고, 관리를 상계로 내려보내 제사지내도록 하였다. '문순'의 '문'은 도덕박문道德博聞을 뜻하고, '순'은 중정정수中正精粹를 뜻한다. 이때 관원이 가지고 온 교지를 그동안 종택에서 보관하여 오다가 한국국학진흥원에 기탁하게 된 것이다. 교지는 붉은색 바탕에 86.2×71.1cm의 크기이다.

고문서에는 저 유명한 퇴계의 「유계遺戒」(81.0×90.0cm)도 포함되어 있다. 1570년 12월 4일, 퇴계는 조카 이영李寗에게 유계를 받아 적게 하였다. 당시 퇴계는 기침을 심하게 하고 있었는데, 유계를 말할 때는 병이 몸을 떠난 듯하였다고 한다. 이영이 쓰기를 마치자, 친히 한 번 읽은 후 봉하고 서명하라고 했다. 그리고는 기

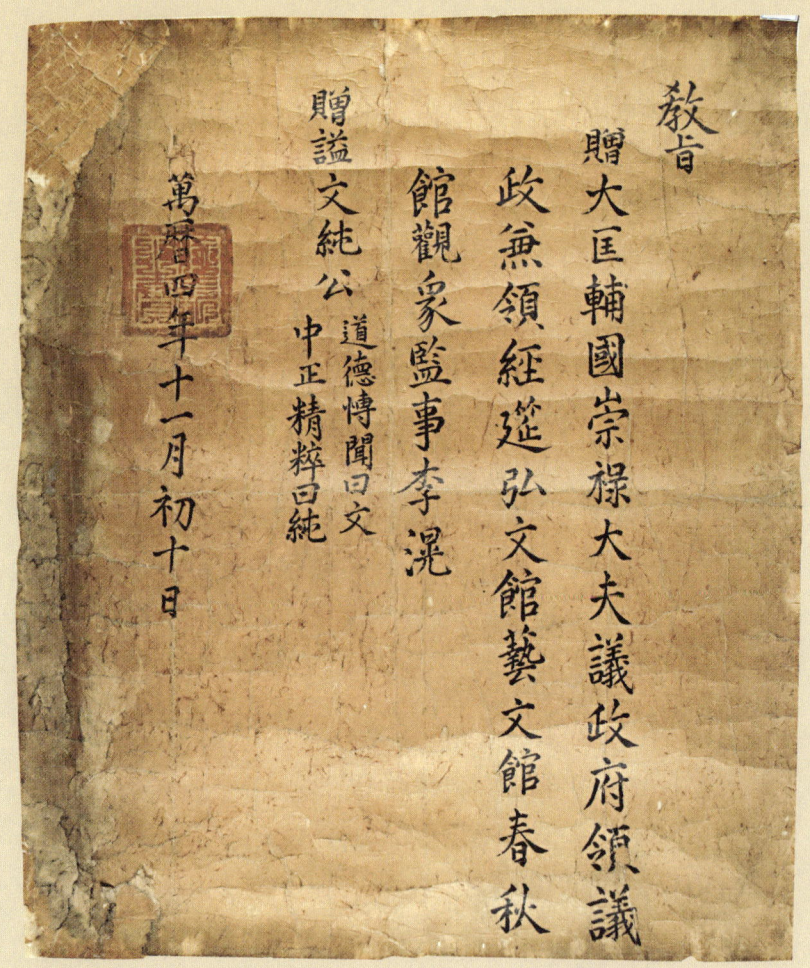

教旨

贈大匡輔國崇祿大夫議政府領議政無領經筵弘文館藝文館春秋館觀象監事李滉
贈諡文純公 道德博聞曰文 中正精粹曰純

萬曆四年十一月初十日

문순공 시호교지 (한국국학진흥원 소장)

遺戒

一毋用 國葬 該曹循例請用必稱遺命陳疏固
辭勿用 油蜜果果實不多草作平排設用其
餘一切勿用 可也

一勿用輓詞只以小石書其前面云退陶晚隱眞城李
公之墓其後略序鄕里世系志行出處大槩如家
禮中所云

一世碑銘未畢己此爲終天之痛然諸事已具勢亦不難
須要於家門而遂刻立焉

一東邊小菴本欲爲壽別營一小舍未半而已此時毋子
姤頁弱必不能成也可拾寨以此爲已成治圃禀指爲爲雜
方可 如泷永 其椎尾等 勿用邸叢舍等事當雪毋子何餘廷尾也

침을 다시 하였다. 퇴계의 유계는 그가 세상을 뜬 후에 공개되었음은 물론이다. 퇴계가 간신히 부르고 조카가 써서 봉한 그 유계의 내용은 이러하다.

一. 나라에서 베푸는 예장禮葬은 받지 않도록 하라. 해당 부처에서 선례에 따라 하려고 하더라도 유명遺命에 의한 것이라 하며 상소하여 고사하도록 하여라.

一. 기름에 튀긴 유밀과油蜜果를 쓰지 말라. 과일이 넉넉지 못하거든 간소하게 한 단씩만 차리고 그 밖에는 일절 쓰지 않도록 하여라.

一. 비석(神道碑)을 세우지 말라. 다만 조그마한 돌을 구하여 그 앞면에는 '퇴도만은진성이공지묘退陶晚隱眞城李公之墓'라고 쓰고, 그 뒷면에는 향리鄕里・세계世系・지행志行・출처出處의 대략을 『가례家禮』에 언급한 대로 하여라. (이 일을 만약 다른 사람에게 맡기게 되면, 서로 잘 아는 高峯 같은 사람은 반드시 실속 없는 일들을 장황하게 늘어놓아 세상의 웃음을 사게 될 것이다. 그래서 일찍이 뜻한 바를 스스로 적고자 하여 먼저 銘文을 지었으나 그 나머지는 미루다가 마치지 못했다. 그 초고가 여러 원고들 중에 섞여 있을 것이니 찾아서 그 명문을 쓰는 것이 좋겠다.)

一. 선세先世의 갈명碣銘을 마치지 못하고 여기에 이르렀으니 더할 수 없는 한이 된다. 그러나 모든 일이 이미 갖추어져 있고, 가세 또한 어렵지 않으니, 반드시 집안의 사람들과 의논하여 새겨서 세우도록 하여라.

一. 동쪽의 작은 집은 본래 너(준)에게 주려 한 것이고, 적寂을 위하여 따로 작은 집 한 채를 짓고 있었는데, 반도 짓지 못하고 이렇게 되었구나. 적의 모자는 빈약貧弱하여 완성하지 못할 것이 분명하니, 네가 맡아서 이 집을 지어 주면 참으로 기쁘겠다. 만약 형편이 어렵다면 차라리 네가 그 재목과 기와 등을 가져다가 재사齋舍 등에 사용하고, 적 모자에게는 이 집을 주는 것이 좋겠다.

퇴계의 유계는 간결하면서도 은근하다. 자신이 죽고 난 다음, 먼저 나라에서 베푸는 예장을 받지 말 것이며, 제사는 소박하게 지낼 것이며, 비갈도 작고 간단하게 세우라고 했다. 고봉 기대승을 특별히 지목한 것은 자신의 소박한 생애가 터무니없이 과장되는 것을 경계한 것이었다. 이어서 조상 일을 마무리 짓지 못하고 죽게 된 것에 대한 안타까움, 측실과 그 아들 이적李寂 모자에 대한 걱정으로 이어졌다. 퇴계는 적의 모자를 '빈약'이라 표현하였다. 가난하며 약하다는 뜻이다. 이 때문에 맏아들 준에게 이들이 살 집을 마련해 주며 특별히 보살펴 주도록 당부하였다. 우리는 여기서 퇴계가 얼마나 섬세하고 따뜻한 사람이었던가 하는 것을 다시 느끼게 된다.

　퇴계의 유계는 나라의 예장에서 시작하여, 자신의 일생에 대해 '만은晩隱'이라는 한 단어로 요약하고, 서자 이적 모자의 미래에 관한 것으로 끝맺는다. 그 사이에 자신에 대한 소박한 제사와 조상에 대한 미안한 감정도 묻어 나왔다. 유계를 대신 쓰게 하고 확인하고 봉한 후 자신이 죽고 난 다음 공개하게 하였으니, 오랫동안 심중에 넣어 두었던 중요한 생각들이었음이 분명하다. 특히 서자 이적의 모자에게 보내는 살뜰한 사랑, 이것은 인간과 세계의 존재방식이 어떤 이성적 힘에 의해 결정된다는 그의 높은 리학理學적 담론보다 우리의 가슴을 더욱 포근하게 감싸준다.

　퇴계종가에서 내려오는 고문헌들이 기탁 정리된 것은 무척 다행스런 일이다. 그러나 여기서 한 걸음 더 나아가야 한다. 이들 고문헌을 활용하여 퇴계종택의 생활사가 재구성될 수 있어야 하기 때문이다. 예컨대 퇴계의 필사본 문집은 퇴계의 인간적인 면목을 더 많이 알게 한다. 좀 더 정밀하게 연구해야 그 실상이 나타나겠지만, 목판본 『퇴계집』과 달리, 이들 자료는 부드럽고 섬세한 퇴계를 아주 가까이서 이해할 수 있는 통로를 열어 준다. 이러한 인간적인 측면이 퇴계를 더욱 퇴계답게 하고, 우리는 우리의 생활 속에서 퇴계를 더욱 깊이 만날 수 있게 된다.

2. 도산서원의 고서와 고문서

'도를 밝히는 것은 우매한 듯(明道若昧), 도에 나아가는 것은 물러나는 듯(進道若退)', 이것을 생각하며 들어가라고 한 것이 도산서원 진도문進道門이다. 퇴계 및 도산서원과 관련된 각종 서적과 문헌을 보관한 광명실光明室은 진도문 옆에 다락 형태로 우뚝 서 있다. 다락 형태로 된 것은 물론 습기가 차는 것을 막기 위함이다. 광명실의 '광명'은 주자 시에 "만권의 서적이 나에게 광명을 주네"(萬卷書籍 惠我光明)라는 구절에서 가져왔으며, 글씨는 퇴계가 직접 쓴 것이라 한다. 독서를 통해 어두운 우리 마음이 밝아진다고 볼 때, 이 이름은 서고에 참으로 어울리는 것이라 하겠다.

광명실은 동서로 나누어져 있다. 도산서원을 소개하는 각종

책자에 그렇게 안내하고 있듯이, 동쪽 광명실은 1819년(순조 19)에 세운 건물로 역대의 왕들이 하사한 서적과 퇴계가 친히 보던 책들이 보관되어 있었고, 서쪽 광명실은 1930년에 중건된 것으로 국내 선비들의 문집을 포함한 근래의 서적들이 보관되어 있었다. 여기에 보관되어 있던 고서와 고문서들은 현재 한국국학진흥원에 보관 정리되어 있다. 보고[30]에 의하면 도산서원의 고서는 1,026종 4,605책, 고문서는 2,128점, 목판은 59종 4,014점, 서화는 11점, 기타 30점으로 총 10,788점이다. 실로 방대한 양이라 하지 않을 수 없다.

도산서원의 고서들은 여러 가지 통로로 조성되었다. 『주자대전』 등 사액賜額 이후 나라에서 내린 내사본, 『연평답문延平答問』 등 지방 관아에서 간행한 여러 서적들, 회연서원檜淵書院 등 인근의 서원이나 문중에서 기증한 서적 등 외부에서 들어온 것도 있지만, 『몽재집蒙齋集』과 『궐리지闕里誌』 등 도산서원의 필요에 의해 간행하거나 구입한 서적도 있다. 특히 구입한 서적의 경우 서책치부기書册置簿記에 '무득貿得'이나 '매득買得'으로 표기해 두었다. 이 밖에도 안동 부포에 세워졌던 역동서원易東書院에서 갖고 온 서적과 퇴계가 개인적으로 소장하던 책이 여기에 포함되었을 가능성이 있다. 이를 염두에 두면서 도산서원 고서와 고문서를 통한 의미를 몇 가지로 나누어 생각해 보기로 하자.

첫째, 도산서원은 조선 유교문화의 본산임을 알 수 있다. 도

도산서원 광명실

산서원은 영남의 도산서원을 훨씬 벗어나 국가적인 도서관 역할도 담당하였다는 것이다. 서책치부기에 '시강원으로 가져감'이나 '동궁으로 가져감' 등이 기록된 것은 이를 의미하는 유력한 사례가 된다. 도산서원에 보관되어 있었던 장서 중에는 조선 유교정신의 근간을 형성하는 서적들이 다량 비치되어 있었다. 사서오경을 포함한 다양한 성리서와 역사서 등이 바로 그것이다. 유생들은 이를 읽으면서 조선의 유교문화와 그 정신을 더욱 튼실하게 하였던 것으로 보인다.

도산서원 고서들 가운데 개인 문집을 제외한 나머지는 조선

시대의 교과서들과 예서 및 성리서들이다. 이들 서적은 선비들이 서원이나 향교에서 일반적으로 읽던 책이다. 도산서원의 경우 사액이 되면서 사서삼경과 『주자대전』이나 『성리대전』, 그리고 『오경백편』 등의 유가경전이 상당량 지급되었고, 이것은 1588년(선조 21), 1793년(정조 17) 등과 같이 수시로 내려왔던 것으로 확인된다. 도산서원에 우리나라 선비들이 지은 예서들이 많이 보관되어 있는 것은 하나의 특징이다. 정구鄭逑의 『오선생예설분류五先生禮說分類』와 류장원柳長源의 『상변통고常變通攷』 등이 대체로 그러한 것이다.

퇴계가 편집한 『성학십도聖學十圖』가 내사內賜되기도 했다. 두루 아는 것처럼 『성학십도』는 성학聖學의 요체를 선현들의 그림에서 골라 그 아래 퇴계 자신의 의견을 붙인 책이다. 도산서원 광명실에 보관되어 있었던 『성학십도』에는 책의 이면에 간단한 내사기內賜記가 있다. '乾隆九年三月二十四日 內賜禮安陶山書院 聖學十圖一件 右承旨臣趙'가 그것인데, '臣'자는 물론 작은 글씨로 되어 있다. 1744년(영조 20)에 우승지 조 아무개가 『성학십도』 1건을 도산서원에 내린다는 의미다. 이처럼 도산서원에는 퇴계의 저술을 포함해서 사서삼경 등 다양한 교과서류와 성리서들이 보관되어 있었고, 이를 중심으로 조선의 유교문화를 만들어 가는 중심이 되었던 것이다.

둘째, 도산서원은 영남정신을 결집시키고 조정하는 역할을 했다. 이것은 퇴계학파가 도산서원을 중심으로 하여 영남의 구심체 역할을 하였다는 의미이다. 이 때문에 인근의 서원 등에서 책을 간행하면 반드시 도산서원에 보냈고, 사회 현실에 대한 문제가 발생했을 때 도산서원에 모여서 영남정신을 하나로 결집하였으며, 또한 영남 안에서 문중 간에 어떤 시비가 발생하면 이에 대한 조정자 역할도 충실히 했다. 이것은 도산서원이 교육기관에만 그치지 않는다는 것을 의미한다. 영남의 대표 서원으로 그 역할을 자임하였던 것이다.

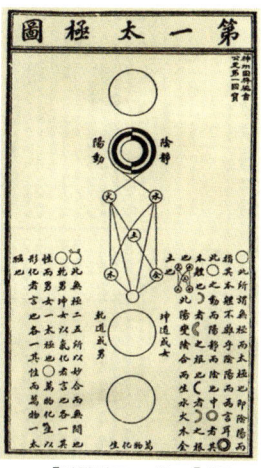

『성학십도』, 제1도 「태극도」

도산서원 고서 가운데 문집이 704종 2,499점으로 가장 많다. 여기에는 퇴계 본인의 문집은 말할 것도 없고, 『온계선생문집溫溪先生文集』 등 퇴계가와 직접적으로 관련된 문집, 『월천선생문집月川先生文集』 등 제자들의 문집과 그 후손들의 수많은 문집이 있어, 영남 일대의 문집이 거의 이곳으로 흘러들었다고 할 수 있다. 이것은 영남의 정신이 도산서원으로 결집되고 있었다는 것을 의미한다. 이뿐만 아니라 한강 정구와 여헌 장현

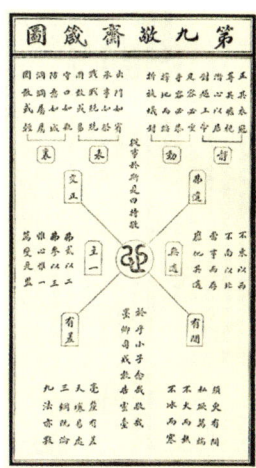

『성학십도』, 제9도 「경재잠도」

광의 사승師承문제를 두고 일어났던 한려시비寒旅是非나 학봉 김성일과 서애 류성룡 간의 위차位次문제를 두고 발생했던 병호시비屛虎是非 등에 대한 조정자 역할도 했다. 이들이 도산서원에 통문을 보내 공정한 논의를 부탁하고 있기 때문이다.

고문서 가운데 사도세자를 왕으로 추존하자는 상소문이 도산서원에서 올라가기도 했다. 퇴계의 후손인 이휘병李彙炳이 소두가 되고 10,094명이 동참한 만인소가 그것이다. 이휘병의 조카 이만희는 퇴계 종손으로 양자를 간 인물이다. 1855년(철종 6) 정월에 영남 선비들은 도산서원에서 도회를 열어, 사도세자를 왕으로 추존하고 임오의리壬午義理[31]에 대하여 재론하고자 했다. 만인소 내용은 정치적으로 매우 민감한 것이었고 당시 정국을 주도했던 노론에게는 상당한 충격이 아닐 수 없었다. 이 만인소를 철종이 승정원에 돌려주라고 하면서 수용되지는 않았지만 영남의 유림을 결집하는 중요한 효과를 얻었다.

셋째, 도산서원은 퇴계의 문집과 관련한 다양한 판본을 보유하고 있어 명실상부한 퇴계학의 구심체 역할을 하였다. 도산서원에 보관된 『퇴계집』에 지금까지의 모든 필사본과 간행본이 남아 있는 것은 아니다. 그러나 퇴계의 손자 이안도李安道와 제자 김성일金誠一이 직접 교정한 20책의 『퇴도선생집』이 있을 뿐만 아니라, 문집을 다시 간행하면서 쓴 일기인 『선생문집개간일기』 등도 남아 있다. 이를 통해 우리는 문집이 만들어져서 교정 출간되고,

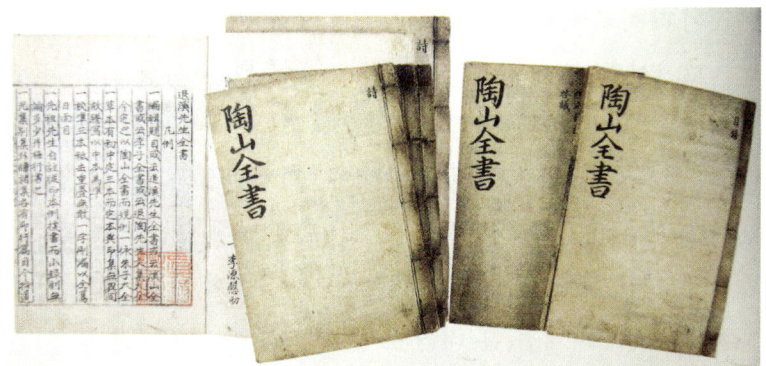

(위) 『퇴계선생전서』(한국국학진흥원 소장)
(아래) 『퇴계선생집』(한국국학진흥원 소장)

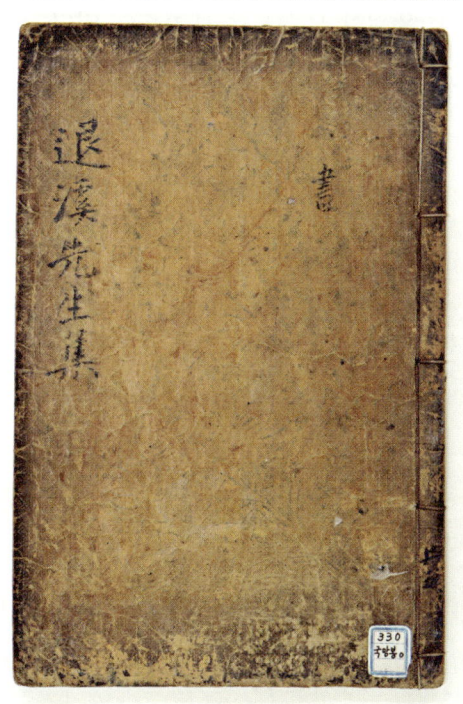

이것이 다시 간행되는 과정을 살필 수 있게 되었다.

도산서원에는 필사본으로 된 20책의 『퇴도선생집』을 비롯해서, 40책의 『퇴계선생문집』, 27책의 『퇴계선생문집』 등이 있다. 목판본으로 간행된 것은 32책의 『퇴계선생문집』, 21책으로 된 경자본류의 『퇴계선생문집』, 결본으로 남아 있는 27책의 『퇴계선생문집』, 12책의 『퇴계선생문집습유』 등이 있다. 이 가운데 32책으로 된 『퇴계집』은 내집 49권, 외집 1권, 별집 1권, 총 51권으로, 온전한 모습으로 보존되어 있다. 판본이 모두 남아 있지 않은 상황에서 이것은 중요한 사실이라 하겠다.

고문서에도 『퇴계집』과 관련된 내용이 산재되어 있다. 예컨대, 예안 도산서원의 진사 김화金璍와 윤상언尹商彦 등이 『퇴계집』이 간행된 지 오래되어 글자가 제대로 판독되지 않을 뿐만 아니라 틀린 부분도 있으므로 퇴계가 쓴 수본手本과 처음 간행할 때의 초본草本이 남아 있을 때 간행해야 한다며 순상巡相에게 도움을 부탁하며 올린 소지所志 등이 그것이다. 도산서원을 중심으로 퇴계의 문집을 가다듬어 가는 것은 지극히 당연한 일이다. 이러한 사정을 알 수 있는 흔적을 고문서를 통해 대략이나마 살펴볼 수 있어 무척 다행스럽다.

도산서원에는 퇴계가 손수 쓴 것을 새긴 '무자기無自欺 신기독愼其獨', '사무사思無邪 무불경毋不敬' 등의 대자大字 서판이 있다. 앞의 것은 '스스로를 속이지 말고 홀로 있을 때를 삼가라'는 것이며, 뒤의 것은 '생각에 있어 사특함이 없게 하고 공경하지 않음이 없게 하라'는 것이다. 이것은 다른 서판 '징분질욕懲忿窒慾'(분노를 경계하고 욕심을 막아야 한다)과 함께 대량으로 인쇄되었다. 도산서원을 방문한 사람들의 요구에 부응하기 위함이었다. 이 용어들이 퇴계의 정신세계를 압축적으로 나타낸 것이라 볼 때, 각자刻字와 인쇄, 그 전파 과정에서 도산서원이 영남에서 어떤 역할을 했던가 하는 부분을 자연스럽게 알 수 있게 된다.

'신기독' 목판

3. 『상계가록』에 흐르는 퇴계

『상계가록上溪家錄』은 연민淵民 이가원李家源(1917~2000)이 직접 편집하고 쓴 퇴계가 이해를 위한 기초 자료이다. 이가원은 퇴계의 14세손으로 경상북도 안동군 도산면 온혜동에서 출생했다. 성균관대 국문학과를 졸업하고 연세대 국문학과에서 23년간 재직하였으며 대한민국학술원 회원을 지냈다. 1986년 정음사에서 『이가원전집』 22권이 출간된 것에서 알 수 있듯이 그는 맹렬한 학문활동을 하였다. 그 가운데 1965년에 펴낸 『연암소설연구』와 만년에 3책으로 펴낸 『조선문학사』는 그의 학문적 업적에 있어 정수가 된다고 하겠다.

　　이가원 역시 퇴계의 후손이었으므로 퇴계학에 지대한 관심을 갖고 도산서원장과 퇴계학연구원장 등을 역임하면서, 퇴계학 연구의 기초 자료 정리와 제공에 많은 힘을 기울였다. 그리고 퇴계 시와 언행록을 중심으로 번역을 하는 한편, 「퇴계선생의 문학」과 「퇴계학의 계보적 연구」 등 다양한 퇴계학 연구도 병행하였다. 이가원이 세상을 뜬 후 현재는 그의 생애와 함께 학문이 연구되면서, 그의 학문적 문제의식과 성취가 재조명되고 있다.

이가원의 『상계가록』은 모두 3책으로 구성되어 있다. 이 책은 연민야사재총서淵民夜思齋叢書 200자 원고지에 필사되어 있는데, 제1책은 272장이고 제2책은 170장

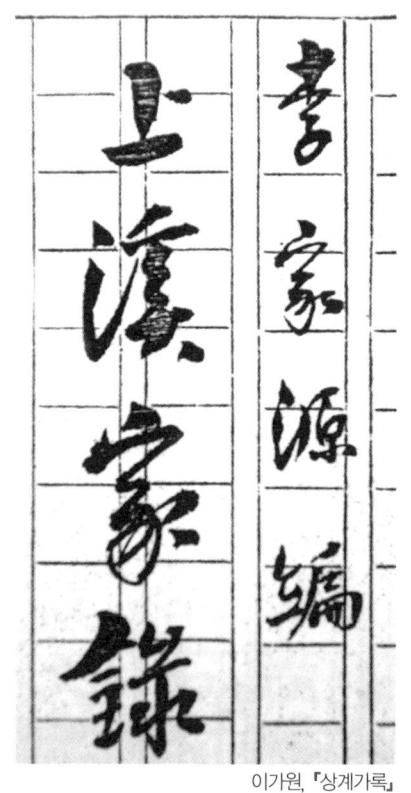

이가원, 「상계가록」

이며 제3책은 278장으로 구성되어 있다. 최근에는 2책과 3책을 하나로 묶어 상하 두 책으로 편집하기도 했다. 제1책은 종손 이원각李源慤의 「서序」와 편자 이가원의 「자서自序」로부터 시작하여, 책의 목록, 1세(碩)부터 7세(滉) 조비祖妣까지, 제2책은 8세(寯)부터

15세(龜應) 조비까지, 제3책은 16세(志淳)부터 19세(中學)를 거쳐 20세(祥鎬)까지의 사적이 정리되어 있다.

이가원의 「자서」에 의하면 이 책을 기획한 것은 오래되었으나, 구체적인 작업을 시작한 것은 6.25전쟁으로 인해 부산 초량동에 피난해 있었을 때라고 한다. 당시 포탄이 비 오듯 하여 인류의 생명을 위협할 때였으나 이를 돌아보지 않았고, 어떤 사람이 비웃었지만 이 역시 대꾸하지 않고 이 일을 감당했다고 한다. 그것은 강포한 시대에 윤리와 도덕으로 만세의 상도常道를 삼기 위함이었다. 이 때문에 그의 이 작업은 자신이 포함된 한 가문의 사사로운 역사만은 아니라고 하였다.

이가원의 『상계가록』은 도산서원 광명실에 소장되어 있었던 지하芝下 이만희李晩熹(1825~1859)가 손수 쓴 가승家乘의 규모를 더욱 확장하고 보충한 것이다. 그가 주로 수집하고 정리한 자료는 행장, 행록, 가장家狀, 묘갈명, 묘지명, 묘표, 유사, 사적, 만제문挽祭文 등이었고, 필요한 경우는 시와 기문도 실었다. 자료가 전해져 내려온 것도 있으나, 다양한 문집에서 찾아 추록追錄하였고, 그 스스로가 적극적으로 개입하여 묘갈명 등의 글을 지었으며, 때로 안설按說을 통해 보충해서 설명하기도 했다.

『상계가록』은 시조 석碩으로부터 퇴계가가 어떻게 형성되고 있고, 퇴계의 학문과 사상 내용이 어떠하며, 종손을 중심으로 한 그의 후손들은 어떻게 퇴계학을 가학으로 계승하며 살아왔던가 하는 것을 행장 등의 자료를 통해 보여 주고 있다. 퇴계종가를 중심으로 편집되어 있기 때문에 퇴계에 대한 자료가 가장 많고, 종손이 중심이 될 수밖에 없다. 그러나 종손이 아니라 하더라고 향촌사회에서 중요한 일을 한 사람이 있으면 그와 관련된 자료를 실어 퇴계가의 빛을 더했다. 『상계가록』을 통해 알 수 있는 몇 가지 사항을 간략하게 소개하기로 한다.

첫째, 퇴계 스스로가 선조의 유적과 사적을 정리하는 데 많은 노력을 기울인다는 점이다. 5대 조부(子脩)에 대한 「봉작전의奉爵傳疑」, 증조부(禎)에 대한 「묘갈지墓碣識」, 조부(繼陽)에 대한 「사적事蹟」과 조모의 간략한 행록, 이에 따른 「수곡암기樹谷庵記」, 아버지(埴)에 대한 「갈음기사碣陰紀事」와 「행장초기行狀草記」, 두 어머니에 대한 「묘갈지墓碣識」, 추증에 따른 「분황문焚黃文」 등이 대체로 그러한 것이다. 특히 아버지와 어머니에 대한 묘갈과 관련된 여러 편의 간찰도 함께 싣고 있어 이에 대한 이해를 돕는다. 이 가운데 퇴계가 쓴 조부 계양에 대한 「사적」의 일부는 이렇다.

> 공은 영양김씨英陽金氏에게 장가들었는데, 김씨의 집이 예안현 서쪽 마을에 있었다. 공은 처음 현의 동쪽 부라촌에 살았다. 봉화현 교도敎導가 되어 어느 날 봉화로 가면서 온계를 지나게 되었는데 그 산수의 빼어남을 좋아하여 천천히 거닐며 경물을 보면서 갔다. 신라현에 쉬면서 중 한 사람을 만났다. 그 또한

온계로부터 온 것이었다. 같이 쉬면서 말이 온계 풍수의 아름다움에 미치게 되었는데, 공이 본 바와 부합되었다. 드디어 중을 이끌고 온계로 다시 돌아가 오르내리며 두루 살펴보았다. 중이 손가락으로 집터를 가리키며 "이곳에 살게 되면 마땅히 귀한 자손을 낳게 될 것입니다"라고 하였다. 공은 이에 옮겨 살 것을 결심했다.

퇴계의 조부 이계양이 온혜에 살게 된 내력을 서술한 것이다. 계양에 대한 사적을 제시한 후 퇴계의 조모 영양김씨에 대한 간단한 행록을, 그리고 그 뒤에 퇴계가 쓴 「수곡암기」를 첨부하였다. 도산면 온혜리 노송정 종택 뒷산이 수곡인데 여기에 퇴계의 선영이 있었다. 이 글에서 퇴계는 온혜를 둘러싸고 있는 형세와 함께, 재사를 세워 중을 들여 관리하게 했던 사정을 자세하게 기술하고 있다. 이로써 우리는 온혜가 진성이씨 온혜파의 천년 터전이 될 수 있었던 과정을 이해할 수 있게 된다.

둘째, 7세손 퇴계에 대한 자료를 가장 상세하게 수집 정리하고 있는 점이다. 『상계가록』은 퇴계가를 중심으로 작성되었기 때문에 이것은 당연한 일이라 하지 않을 수 없다. 퇴계의 작품인 「퇴계」, 「도산잡영」, 「도산십이곡」 등의 시가를 비롯해서 퇴계의 「자명」을 얹어 쓴 기대승의 「묘갈명」, 고종기, 조목이 쓴 「언행총록」 등 다양한 언행록, 치제문致祭文, 만제록挽祭錄, 류성룡이 지은

「연보발年譜跋」,『조선왕조실록』의「사전史傳」, 오운이 쓴「허씨부인묘갈명」, 6세손 수정守貞이 지은「권씨부인묘갈지」등 다양한 자료들이 포함되어 있다. 이 가운데『명종실록』의 사신평史臣評을 하나 들어 보면 다음과 같다.

> 사신史臣은 말한다. 황滉의 사람됨은 자질이 영민하고 학문이 높았다.『소학』으로 몸을 다스리는 법을 삼았고 종일토록 단정히 앉아 의관을 풀지 않았으며 행동과 언어를 반드시 때에 알맞게 하였다. 성리性理의 근원을 깊이 탐구하여 한 시대 사림士林의 영수領袖가 되었다. 벼슬살이를 즐기지 않아 늘 전원으로 돌아갈 뜻이 있었으나 주상이 여러 차례 기용하므로 어쩔 수 없이 조정에 벼슬하였다.

이가원은『실록』가운데 퇴계에 대한 사신평 18개소를 뽑아 실었는데, 위는 1553년(명종 8) 4월 24일의 기사로, 퇴계의 기본적인 자질과 언행, 학문 내용과 사림의 평가, 벼슬에 대한 퇴계의 관점 등을 두루 언급하고 있다. 조정에서 퇴계를 통정대부 성균관대사성으로 삼았을 때의 일이다. 이 밖에도 퇴계가 관직을 사양하거나, 퇴계에게 새로운 관직이 내려질 때 가한 사신의 평을 실어 두고 있어, 조정을 중심으로 한 퇴계의 관직생활과 그의 평가에 대한 대개를 알 수 있도록 했다.

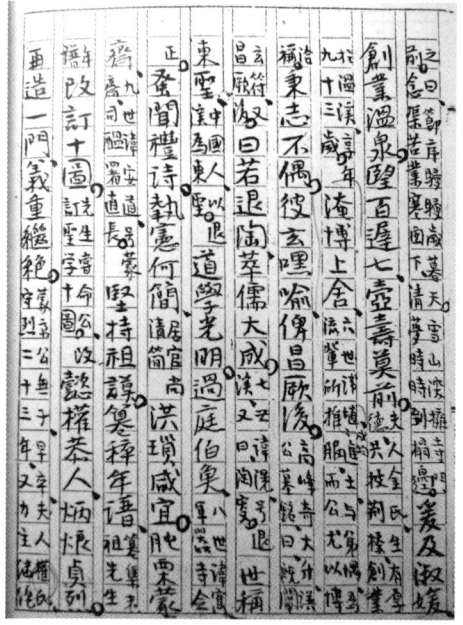

「가승운기」, '퇴계' 부분

셋째, 퇴계 이후 종손을 중심으로 퇴계학이 가문학으로 어떻게 계승되고 있는지를 알 수 있게 했다는 점이다. 8세의 이준부터 시작하여 20세인 종조숙부從祖叔父 양전陽田 이상호李祥鎬의 묘갈명에서 끝맺는다. 편자 이가원이 21세인 것을 감안할 때, 그의 윗대까지를 정리한 셈이다. 따라서 독립운동가였던 아버지인 석전石田 이영호李齡鎬(1893~1964)와 어머니인 금성정씨錦城丁氏에 대한 기록까지 포괄한다. 퇴계가 아들 준과 손자 안도에게 보낸 편지

일부를 소개하였고, 종손들의 퇴계학 계승 의지를 드러내 보여주었으며, 그 스스로가 선조에 대한 글을 많이 남기고 있다. 이 가운데 「가승운기家乘韻紀」가 대표적이다. 14대조 퇴계에 대해서는 이렇게 노래하고 있다.

아! 퇴계 선생은,	曰若退陶
위대한 선비로 크게 이루셨네.	萃儒大成
세칭 동방의 성인이요,	世稱東聖
도학을 빛내고 밝히셨다네.	道學光明

「가승운기」는 4언고시의 형태로 창작되었으며, 시조로부터 시작하여 19세 중인中寅까지가 노래의 대상이었다. 선조의 업적 가운데 가장 중요하다고 생각되는 부분을 중심으로 작품화하였다. 퇴계의 경우, 이가원은 퇴계를 공자와 오버랩되게 하였다. '대성大成'과 '동성東聖'은 바로 이에 대한 직접적 표현이다. 필요한 부분은 주석을 달았는데, '대성' 아래에는 '7세 휘는 황滉, 호는 퇴계인데 또한 도수陶叟라고도 한다'라고 하였고, '동성' 아래에는 '중국인이 퇴계를 동방의 성인으로 여겼다'라고 하였다.

『상계가록』을 읽는다. 퇴계의 물줄기가 온혜와 상계로 흘러들고, 퇴계로 인해 다시 그 후손들에게로 흘러가는 물줄기를 만난다. 연민 이가원의 학문이 비록 한학에 기반하고 있지만 그는 일정한 논리를 갖추어 세계世系에 대한 기본 자료를 집성했다. 이로써 가문 안에서는 물론이고 퇴계가를 제대로 알고자 하는 사람들에게 많은 편의를 제공할 수 있었다. 『상계가록』의 발문을 쓴 이원강李源綱이 그렇게 말하고 있듯이, 국역으로 번역 출간하여 퇴계가의 흐름을 세상에 알리는 일이 그 후손들에게 남아 있다고 하겠다.

주

28) 한국국학진흥원 편, 『국학자료 목록집(상)』(한국국학진흥원, 2007).
29) 樊南本『퇴계집』: 1869년 癡翁 李彙溥(1808~1869)의 제안으로 만들어진 필사본 『퇴계선생전서』를 말한다. 도산서원에 보관되어 있던 문집 초본을 교감 傳寫하고 여기에 이휘보 자신이 수집한 자료를 더하여 70여 책으로 만들어 樊南家塾에 보관하였다. 이 책은 1980년 이후 한국정신문화연구원과 퇴계학연구원에서 영인하여 보급된 바 있다.
30) 『도산서원 고전적』 해제(한국국학진흥원, 2006): 김종석이 썼다. 「도산서원의 고서와 고문서」의 주요 내용은 이 글에 근거한 것이다.
31) 壬午義理: 임오년은 1762년(영조 38)으로 사도세자가 죽었던 해이다. '임오의리'는 영조가 사도세자를 죽인 것이 정당하다는 노론 벽파의 당론인데, 영남 남인들은 이것을 다시 거론하고자 했던 것이다.

제5장 **퇴계에 대한 예경**

1. 제례의 과정과 절차

　　진성이씨가 모시는 불천위는 모두 아홉 위이다. 퇴계의 증조부 이정李禎, 조부 이계양李繼陽(1424~1488), 숙부 이우李堣(1469~1517), 형 이해李瀣(1496~1550), 본인 이황李滉(1501~1570), 손자 이영도李詠道(1559~1637), 송재공 이우의 후손인 이종수李宗洙(1772~1797), 온계공 이해의 후손인 이명익李溟翼(1617~1687), 역시 송재공 이우의 후손인 이동표李東標(1644~1700)가 바로 그들이다. 한 집안에서 이렇게 많은 불천위를 모시고 있는 곳도 흔하지 않다. 이것은 진성이씨의 권위를 상징하는 것이기도 하다.

　　퇴계종택 사랑방에 가면 불천위不遷位 퇴계의 기일과 함께 고조부모와 증조부모, 조부모, 부모의 4대조의 기일이 표시되어 있는 기일판忌日板이 걸려 있다. 신분별로 봉제사의 대수를 제한하던 조선 전기와 달리, 중기 이후에는 사대부 집안의 4대 봉제사가 일반화되었다. 가정의례준칙에는 '기제사의 대상은 제주부터 2대조까지'라고 되어 있으나 대부분의 종가에서는 여전히 4대까지로 한다. 종가는 특히 전통의 강한 계승에 기반을 두고 있으며, 이 가운데 제사는 그 핵심적 요소가 되기 때문이다.

퇴계는 조정에서 정한 대표적인 불천위로 문묘文廟와 종묘의 선조 묘정에도 봉향되어 있다. 훌륭한 유학자이며 덕이 높은 신하였기 때문이다. 그의 생애가 보여 준 유학자로서의 도덕성과 탁월한 학자적 능력을 나라에서 크게 인정한 것이다. 이는 후손은 물론이고 영남 사림의 입장에서도 커다란 자부심이며 동시에 영광이 아닐 수 없다. 퇴계종가의 가묘에는 불천위 신위가 제일 왼쪽에 모셔져 있고, 퇴계 신위와 함께 두 분의 정경부인貞敬夫人 김해허씨와 안동권씨 신위가 봉향되어 있다.

퇴계의 기일은 음력 12월 8일이며, 정경부인 김해허씨는 11월 8일, 안동권씨는 7월 2일이다. 퇴계의 위패에는 '顯十六代祖考崇政大夫判中樞府事兼知經筵春秋館事贈大匡輔國崇祿大夫議政府領議政兼領經筵弘文館藝文館春秋館觀象監事諡文純公府君神主'라 되어 있고, 김해허씨부인의 위패에는 '顯十六代祖妣貞敬夫人金海許氏神主', 안동권씨의 위패에는 '顯十六代祖妣貞敬夫人安東權氏神主'라 되어 있다. 현재 봉사손은 16세손 근필根必

불천위 제례 장면

이다. 이제 봉사손 이근필을 중심으로 불천위 제사가 어떤 과정과 절차로 거행되는지를 간략히 살펴보기로 한다.

1) 제사 준비

입재일入齋日은 음력 12월 7일이다. 불천위 대제 때의 제수는 주로 도산서원에서 준비하고 종가에서는 면과 떡 등을 간단히 준비한다. 오후 3시경 도산서원 유사들이 제수와 물목단자를 가지고 오면, 종손 입회하에 근봉謹封한 물목을 확인한다. 이후 유사들이 제물을 안채 대청으로 옮기고 사당에 들러 참배한 후에 사

제수 진설

랑으로 들어간다. 자정이 되면 추월한수정 대청마루에 앙장仰帳[32]을 치고 제청을 마련한다. 바닥에는 배석을 깔고, 병풍, 교의, 제상, 향상, 모사기와 퇴주기 등을 차례대로 놓는다.

2) 집사분정과 진설

'집사분정執事分定'은 시도록時到錄을 보면서 적임자를 선정하는데, 헌관은 손자대에서 3형제로 갈라졌기 때문에 초헌은 안도계의 종파宗派, 아헌은 순도계의 의인파宜仁派, 종헌은 영도계의 하계파下溪派의 주손이나 문장門長이 맡는다. 불천위 제사는 다른 기제사와 달리 홀기笏記를 부르며 엄숙히 지낸다. 자정이 지나 12시 반에서 1시 사이에 '진설陳設'을 시작한다. 제1열은 왼쪽부터 밤, 감, 사과, 포脯, 귤, 배, 대추 등을, 제2열에는 자반, 쌈, 숙채, 장, 육회, 침채 등을 차례대로 놓는다. 제상 뒤쪽에 시저匙箸와 잔을 놓는다. 이렇게 하면 1차 진설은 끝이 난다.

3) 출주

'출주出主'는 사당에서 신주를 모셔 오는 의식이다. 사당 외삼문으로 들어가 가운데 문 앞에서 두 번 절하고, 그 문으로 들어가 의식을 진행한다. 홀기의 순서에 따라, 집사자들은 손을 씻고, 향을 사르고, 출주를 고하고, 두 번 절한 후 위판을 모신다. 이때 집사자들이 감실의 문을 열고 미리 준비해 온 공독椌櫝으로 감실의 신주를 모셔 낸다. 위판을 받든 집사자와 주인은 가운데 문으로 나와서 제청으로 나아간다. 그리고 모셔 온 신주를 미리 마련해 둔 교의에 정중히 모신다.

4) 참신과 분향강신

'참신參神'은 모셔 온 신주에 대하여 처음으로 인사를 드리는 의식이다. 신주에 퇴계의 영靈이 깃들어 있다고 생각하고, 개독開櫝을 한 후 두 번 절하며 처음으로 인사를 올린다. 홀기의 행강신례行降神禮 안에 분향과 강신이 함께 있다. '분향焚香'은 향을 사르는 의식이고, '강신降神'은 술을 모사에 붓는 의식이다. 향을 피워 그 연기는 하늘로 올라가고, 술은 띠풀을 타고 땅으로 내려간다. 혼魂과 백魄이 우주적으로 결합한다는 것을 상징적으로 보여 준다. 이러한 상징체계가 분향과 강신의 의식 안에 있다.

5) 진찬

'진찬進饌'은 음식을 올리는 의식이다. 강신례가 끝나면 퇴계의 혼백이 완전히 강림하였으므로 더운 음식을 올린다. 즉 2차 진설에 해당한다. 제1열의 과일, 제2열의 찬 음식은 이미 올렸으므로, 제3열에 더운 음식을 올린다. 가운데에는 가오리·상어·방어·소고기·닭·문어 등으로 괸 도적을, 그 뒷줄에 다섯 종류의 탕을 올린다. 탕은 날개 있는 우羽, 털이 있는 모毛, 비늘이 있는 린鱗, 껍질이 있는 개介의 순서로 올린다. 맨 뒷줄 시접과 잔반의 좌우에 메와 갱을, 좌측 끝 메의 앞자리에는 면을, 우측 가장자리에는 편을 놓는다.

6) 헌작

'헌작獻爵'은 잔을 올리는 의식으로 초헌, 아헌, 종헌으로 구성되어 있다. 초헌은 이 제사를 주관하는 주인主人, 즉 종손이 맡는다. 술을 올리면 집사자는 밥그릇의 뚜껑을 열고, 축관은 동쪽을 향하여 꿇어 앉아 축문을 읽는다. 초헌관은 허리를 굽혀 엎드렸다가 조금 물러나 두 번 절하고 제자리로 돌아간다. 두 번째 잔을 올리는 아헌은 퇴계의 둘째 손자계인 의인파에서 하고, 세 번째 잔을 올리는 종헌은 셋째 손자계인 하계파에서 한다. 종헌을 할 때는 모사에 술을 조금씩 세 번 따르는 제주祭酒를 한다.

7) 유식

'유식侑食'은 음식을 권하는 의식이다. 초헌관이 중심이 되어 거행하는데, 우선 잔에 술을 조금 부어 첨작添酌을 한 후, 숟가락을 메에 꽂고 젓가락을 바로 놓는 삽시정저挿匙正箸를 한다. 이어서 초헌관은 두 번 절하고, 병풍으로 제상을 감싸며 합문闔門을 한 후 부복俯伏해 있다가 문을 열어 국그릇을 내리고 숭늉을 올리는 진다進茶를 행한다. 이어 고이성告利成을 한다. 축관이 동쪽을 향하고 초헌관이 서쪽을 향해 마주 서서, 축관이 읍을 하며 초헌관에게 '이성'을 고한다. 이렇게 해서 제사가 끝나면, 집사자가

유식 시 부복 장면

숭늉 그릇에 있던 숟가락을 내리고 메의 뚜껑을 덮고 퇴주退酒를 하며 제사를 마무리한다.

8) 사신과 음복

'사신辭神'은 조상과 헤어지는 의식이다. 마지막으로 두 번 절하고 신주가 모셔진 주독을 닫은 후 축관은 축문을 태운다. 그리고 초헌관은 위판을 받들어 사당에 다시 모신다. 신주가 사당으로 들어갈 때는 사당의 외삼문이나 묘우廟宇의 문 모두 가운데 문으로 들어간다. 집사자는 제상의 제수를 안채로 옮겨 음복을 준비한다. '음복飮福'은 제사를 마치고 제수와 제주를 나누어 먹는 일로, 이때 조상의 음덕을 기리며 문중과 관련한 다양한 이야기를 나눈다.

예를 집행하는 집례자集禮者가 "제집사예관세위諸執事詣盥洗位"(제집사는 손을 씻는 위치로 나아가시오)라며 홀기를 부르면서 퇴계 불천위의 제사는 시작된다. 손을 씻어 마음을 정갈하게 한 후, '신주 모시기', '인사 드리기', '향 사르기', '세 차례의 술 올리기', '음식 올리기', '보내 드리기', '음식 나누어 먹기' 등을 차례대로 행한다. 이러한 과정은 정중하고 엄숙하다. 제사가 산 자와 죽은 자의 소통 의식이라고 한다면, 정중과 엄숙을 통하지 않고서는 퇴계와 소통할 수 없기 때문이다.

『중용』에 의하면, 마음을 가지런히 하고 밝게 하며, 예복을 엄숙하게 차려입고 제사를 받들게 되면, 제사를 받는 대상이 위에 있는 듯(如在其上)하고 좌우에 있는 듯(如在其左右)하다고 한다. 마음을 가지런히 하고 밝게 한다는 것은 정성을 이야기하는 것이고, 예복을 엄숙하게 차려입는다는 것은 내용을 담는 형식을 말한다. 이 둘이 서로 온전할 때 비로소 '여재如在'가 가능하다. 여재! 사모함이 간절하지 않으면 이것은 불가능하다. 퇴계에 대한 제사도 마찬가지다. 간절한 사모함이 퇴계에게로 가는 길을 밝혀 주기 때문이다.

2. 제례의 특징적 국면들

　가정과 문중의 제사는 돌아가신 분에게 유교적 효를 실천하는 방식 가운데 하나다. 따라서 제사를 어떻게 지내는가 하는 것은 효를 어떻게 실천하는가 하는 문제와 맞물려 있다. 이를 지나치게 의식하여 허례와 허식으로 흐르기도 한다. 그러나 요즘은 허례허식이 많이 사라진 반면, 조상이나 부모에 대한 효의식이 현저히 떨어진다. 우리는 여기서 형식이 없어지면 내용도 함께 사라진다는 사실을 확인하게 된다. 형식보다 내용이 중요한 것이 사실이기는 하지만, 내용은 언제나 형식이라는 집 안에 산다는 것을 인식할 때, 제사의 형식과 절차는 매우 중요하다.
　퇴계종가의 경우, 퇴계에 대한 불천위 제사는 물론이고 여러 제사에서 다양한 특징이 나타난다. 기제사의 경우, 요즘 많은 가정에서 고위考位와 비위妣位를 함께 모시고 제사를 지낸다. 퇴계 당시에도 큰집에서 그렇게 지냈다고 한다. 그러나 전하는 말에 의하면, 자제들이 『주자가례』의 경우를 들어 이에 대한 문제를 제기하자, 퇴계는 "지금까지 내려오던 것을 어쩔 수 없이 따른 것인데, 너희들의 말이 옳다. 내가 죽으면 예서대로 하라"라고 하였다고 한다. 이로부터 퇴계와 그 급문집안에서는 대체로 단설單設로 제사를 모시고 있다. 이러한 과정 속에서도 퇴계가의 제사에는 몇 가지 특징이 있다.

첫째, 과일 놓는 순서와 유밀과油蜜果를 쓰지 않는다는 점이다. 제1열의 중간에 포脯를 놓고, 과일은 조동율서棗東栗西, 이동시서梨東柿西 순으로 진설을 한다. 흔히 과일은 왼쪽부터 대추(棗), 밤(栗), 감(柿), 배(梨)나 대추, 밤, 배, 감의 순으로 놓고 시절과는 그 다음에 몰아서 진설한다. 그러나 퇴계종가에서는 중간에 포를 두고, 왼쪽으로부터 밤, 감, 사과, 귤, 배, 대추 순으로 놓는다. 대추, 밤, 배, 감을 기본 4과로 하여 '조동율서'와 '이동시서'의 원칙에 따라 진설한 것이며, 사과와 귤 등의 시절과는 그 사이에 배치하였다.

유밀과도 쓰지 않는다. 이것은 퇴계의 유계遺戒에 따른 것이라 한다. 유밀과는 밀가루를 참기름과 꿀에 반죽하여 튀긴 과자를 말하는데, 제사 때 과일 대신 쓰는 집안도 더러 있다. 퇴계가 이를 쓰지 못하게 한 것은 제사상을 소박하게 마련하라는 뜻에서 였다. 이 때문에 퇴계가의 제사상을 일별해 보면 매우 소박해 보인다. 지난 2005년 국립문화재연구소에서는 퇴계종가의 제례음식에 대한 보고서[33]를 낸 바 있다. 그 결론에도 퇴계종가의 제사는 "산채와 숙채를 한 그릇에 담는다든가, 신위마다 각설하는 면(국수)을 합설한다든가, 유밀과를 금지한다든가, 고임을 안 한다든가 등의 간소한 제수를 특징으로 한다"라고 서술한 바 있다. 우리는 여기서 간소한 제수는 퇴계가의 오랜 전통이었다는 것을 확인하게 된다.

둘째, 포를 첫째 줄 가운데 진설하는 이른바 중포中脯를 한다는 점이다. 포는 변포邊脯가 일반적이다. 즉, 포를 왼쪽 가에 놓는다는 것이다. 퇴계가에서는 모든 제사의 포를 제1열 가운데 놓는다. 여기에는 아름다운 사연이 있고, 이것이 하나의 전통으로 굳어졌기 때문이다. 퇴계종가에 가면 안동권씨 열녀문이 있고, 그 열녀문의 주인공과 이 중포는 밀접한 관계가 있다. 임진왜란이라는 험난한 시기에 퇴계 관련 자료를 보호하고 양자를 들여 퇴계의 뒤를 잇게 하였던 바로 그분이다.

종손 이근필에게 이 중포에 대해서 물어보았다. 그리고 그 내용을 정리해 보면 이렇다. 안동권씨의 시어른(寯)이 돌아가시고 상례를 치르게 되었는데, 퇴계의 손자 삼형제 가운데 두 분(안도와 순도)이 3년상 안에 나란히 돌아가신다. 상을 치르고 막내(영

중포

도)가 성인이 되어 관직에 나아가게 되자 제사를 권씨 혼자서 받들지 않을 수 없었다. 이때 집안에서 내려오던 대로 포를 제상의 왼쪽 가에 놓았는데, 잔을 올리면서 포가 자주 옷에 걸려 넘어지게 되고 따라서 제물들이 어지럽게 되었다. 이 때문에 포를 제일 앞쪽 줄 가운데로 두게 되었던 것이다. 이것이 전통으로 굳어져 지금까지 내려오고 있는 것이라 한다.

셋째, 헌작을 퇴계에 대한 불천위 제사와 기제사에서 다른 방식으로 진행한다는 점이다. 퇴계의 불천위 제사 때는 초헌관은 주인인 종손이 맡고, 아헌관은 둘째 손자 계열인 의인파에서, 종헌관은 셋째 손자 계열인 하계파에서 맡는다. 이는 일반 예서와 다른 것이다. 『주자가례』류의 예서에는 "부부가 함께 제사를 지낸다"(夫婦共祭)며, 아헌을 주부主婦에게 맡기기 때문이다. 그러나 퇴계가에서는 퇴계의 후손 모두를 생각하는 방식을 선택했다. 이 때문에 손자대에 와서 세 갈래로 후손들이 분파되었으니 이를 고려하여 헌작을 세 분파에서 대표적인 사람이 함으로써 제사를 통해 일체감을 갖게 하였던 것이다.

4대를 받드는 기제사의 경우는 아헌을 주부가 올린다. 이는 예서에 따라서 한 것이며, 동시에 종손 집안으로 한정시켜 고조부모, 증조부모, 조부모, 부모에 대한 제사의식을 갖는다는 것이다. 여성의 제사 참여라는 의미도 있다. 오늘날 많은 집안에서 여성을 제사에서 배제시키고, 아헌은 제사를 주관하는 사람의 형제나 근친에서 행한다. 그러나 퇴계종가의 경우, 여성이 적극적으로 제사에 참여하도록 하여 '부부공제'의 정신에 따르고 있다. 퇴계의 급문집안에서도 대체로 이 의식을 지키고 있어 제사와 관련한 하나의 공동체 문화를 만들고 있는 것이 사실이다.

넷째, 묘사를 인향引饗의 방식을 통해 종택에 제청을 마련하고 지낸다는 점이다. 퇴계종가의 묘소는 유사有司34를 두어 관리하고 전통적으로 묘사를 산소에 가서 지냈으나, 근년부터 이 방식으로 지낸다. '인향'은 묘소에서 조상의 신위를 모셔 오는 의식이다. 종손 내지 인향관이 이곳저곳 흩어져 있는 산소에 가서 인향례를 행하고 조상을 모셔 온다. 인향례는 먼저 산소를 직접 찾아가 둘러보며 살피고, 과일과 포를 상석에 진설한 후 분향, 헌작, 재배하는 것으로 간단히 끝난다. 처음에는 헌작한 술을 병에 담고 향불과 함께 집으로 가져왔으나 화재 등의 위험으로 생략하였다.

제례는 두 차례로 나누어 지낸다. 한 번은 종택의 안채 대청에 제청을 마련하고 10대조부터 고비위考妣位에 이르기까지 각 위에 따라 간소하게 제물을 갖춘 후 신위판에 지방紙榜을 붙이고 강신, 참신, 헌작, 사신의 순으로 한다. 무축단헌無祝單獻이다. 정침의 대청에서 제사가 끝이 나면 추월한수정으로 자리를 옮겨, 16대조인 퇴계로부터 11대조에 이르기까지 제상을 마련하고 정식 절차에 입각하여 제사를 지낸다. 각 위마다 3헌작을 하고 축문을 읽으며 첨작과 삽시를 한다. 퇴계의 경우는 그 의식이 더욱 엄격하다.

　이 밖에도 음력 6월 15일 유두천신제를 지내며, 지금은 생략되었지만 추석 차사 대신 음력 9월 9일에 중구제重九祭를 지냈던 것도 중요한 특징이다. 음력 6월 보름인 유두 무렵이 되면 햇과일이 비로소 나게 된다. 유두천신은 바로 유두날 새롭게 수확한 밀로 국수를 만들고 햇과일과 함께 올리는 것을 말한다. 퇴계종가에서의 이 유두천신제는 사당에서 행한다. 설날의 떡국 대신에 햇밀로 만든 국수를 올리는 것이 다르고, 대추, 밤, 배, 감 등 기본 과일은 생략하고 토마토와 자두 등 시절과를 올린다. 절차는 무축단헌으로 간단하다.

　공자가 그의 제자 자공子貢에게 말했다고 한다. "자공아, 너는 양羊을 아끼느냐. 나는 예禮를 아낀다"고 말이다. 이것은 자공이 매월 초하루에 산양을 바치는 의식을 없애고자 할 때 공자가 한 말이다. 자공은 형식만 남은 의식을 없애고자 했고, 공자는 이에 따른 예의 소멸을 경계하며 자공을 나무라고 있다. 이에 대한 고민은 퇴계종가도 마찬가지일 것이다. 그러나 퇴계종가에서는 퇴계의 기본 정신 속에 내재되어 있는 '검소'를 바탕으로, 다소 형식이 변화되더라도 그 예를 지켜가고자 했다. 이 '지킴'이 결국은 대현 퇴계를 모시면서 가문의 결속을 다질 수 있는 유일의 길이기 때문이다.

3. 제례의 계승과 변용

    세상의 모든 사물은 그 존재론적 측면에서 볼 때 독자적인 것은 하나도 없다. 그것이 생성될 수 있었던 수많은 원인과 결과가 있었기 때문에 존재가 가능하다는 것이다. 여기 하나의 대추씨가 있다고 하자. 그 대추씨 역시 독립적으로 존재하는 것이 아니지만, 그것이 다시 나무로 자라 새로운 대추를 만드는 데도 독자적으로 할 수 있는 것은 아무것도 없다. 대추를 키우는 데 필요한 토양과 햇빛, 수분과 바람, 그리고 수많은 영양들이 공급될 때 그 씨앗은 나무로 자라고, 결국은 자신을 많이 닮은 대추를 생산한다.

    인간도 예외가 아니다. 태어나면서 보유한 생득적生得的인

요소도 있지만, 수많은 환경에 놓이면서 자아는 이에 따라 끊임없이 수정되고 변화한다. 그러나 그 수정과 변화는 바로 이루어지는 것이 아니다. 자아의 의지와 환경의 속성에 따라 다양한 요소가 축적되면서 변화된다. 축적적으로 변화되기 때문에 여기에는 옛날의 것을 계승하는 것도 있고, 지금의 것으로 변용되는 것도 있다. 따라서 어떤 사람은 전통적 계승을 더욱 강조하고, 어떤 사람은 당대적 변용을 더욱 주장한다. 이 계승과 변용에 오늘날 우리 시대의 제사가 놓이며, 퇴계 가문의 제사가 놓인다.

나는 여기서 농암 이현보의 종손 이성원李性源에게 들은 이야기 한 토막을 소개하고자 한다. 1998년 가을에 퇴계종가를 찾아가 종손 이근필을 만났는데, 그때 제사와 관련된 이야기를 나누었다고 한다. 이야기 도중에 종손이 문득 종이에 '의어금이불원어고宜於今而不遠於古'를 쓰며 '의어금' 아래 9자를 '불원어고' 아래 1자를 썼다. '의어금'은 지금의 실정에 합당하다는 것이고 '불원어고'는 옛 법도에서 멀지 않다는 것인데, 여기서 종손의 분명한 생각을 읽을 수 있었다는 것이다. '의어금'이 현대적 변용을 의미한다면, '불원어고'는 전통의 계승을 의미한다. 이것을 '9:1'로 배당시켰으니, 종손은 현대적 변용을 더욱 중시한 것이다.

종손의 현대적 변용에 대한 강조는 퇴계종가와 도산서원의 혁신을 가져오게 하였다. 제사를 현실에 맞게 수정하였으며, 도산서원 상덕사에 여성 참배를 가능하게 했고, 또한 도산서원 광명실과 장판각에 수백 년 동안 보관해 오던 문헌을 한국국학진흥원에 기증할 수 있게 하였다. 우리 주변에서 흔히 보듯이 전통적 계승의 편향성은 문화의 경화硬化를 낳을 수 있다. 결국은 스스로를 고립시켜 자기도 모르게 자멸의 길을 걷게 한다. 이러한 사실을 퇴계종가에서는 누구보다 잘 이해하고 또한 실천하고 있는 것이라 하겠다.

묘사를 지내는 방식은 변용의 대표적인 사례가 된다. 지금도 한국의 많은 집안에서는 이 산 저 산 흩어져 있는 묘소를 찾아다니며 묘사를 지내거나, 사정이 조금 나은 집안에서는 묘소를 한곳으로 모아 집단적으로 지낸다. 이에 비해 퇴계종가에서는 종가 정침의 대청과 정자인 추월한수정에서 지낸다. 처음 종손이 이것을 결정했을 때 여러 지손의 반대가 심했다고 한다. 2010년 10월 2일, 나는 퇴계종택을 방문하여 이에 대한 사정을 종손으로부터 들을 수 있었다. 다음은 종손 이근필의 육성이다.

예. 이게요, 저, 우리는 묘사를, 에, 지금 세상이 바뀌었습니다. 에, 남에 떡짐 지면요, 남에 떡짐 지우면, 이건 뭐 아주 고마 제일 천한 사람 됩니다. 그래서 남에 떡짐을 안 지여야 되겠다 해 가지고, 차로, 차로 이렇게 떡을 바구니에 담고 또 적도 바구니에 담아 가지고 책보를 싸 가지고 산에 올라갈 적에 산 밑에까지는 차로 가 가지고, 산에 올라갈 때는 이래 작대기를 꿰어 가지고 앞에 들고 올라가고 이렇게 했는데, 그것도 해 보니게요, 안 돼요. 그것도 나 많은 사람이 모이니께 젊은 사람이 들어야 되는데, 나 많은 사람은 안 되거든. 그래서 하는 수 없다. 그래서 집에서 지내자.

여기서 보듯이 종손이 가장 먼저 의식한 것은 세태의 변화다. 이 변화에 따라 남의 묘사에 떡짐을 지게 되면 천한 사람으로 취급을 받기 때문에 우선 짐을 질 사람이 없게 되었다는 것이다. 사정이 이러하니 본손本孫이 자동차를 이용하여 묘소와 가장 가까운 곳까지 가서, 나이 많은 사람을 중심으로 제수를 나뭇가지에 꿰어 앞뒤로 들고 갔는데, 이것도 여의치 않았다는 것이다. 이때 종손은 특단의 결단을 내리지 않을 수 없었고, 그것이 바로 조상을 종택으로 모셔 와서 제사를 지내는 것이었다.

종손은 이에 대한 합당한 논리를 퇴계와 그 제자인 설월당雪月堂 김부륜金富倫(1531~1598)과 잠재潛齋 김취려金就礪(1526~?)의 문목과 편지 등에서 찾았다. 여기에 제사에서의 묘사 봉행에 대한 언급이 있었는데, 이것은 퇴계의 뜻을 따르는 것이기도 했기 때문이다. 이에 따라 종손은 "남에게 떡짐 지에지 말고, 우리가 당신 뜻에서 따라 가지고 지냅시다.…… 셋째 공일날 하루 집에 와서 다 지냅니다. 사실 떡짐 지에는 게요, 떡짐 지에는 게 아닙니다.

허허, 남 싫어하는 걸 왜 지냅니까?'라면서 퇴계의 뜻을 따르면서도 현실에 합당한 제사를 올려야 한다는 것을 거듭 강조하였던 것이다.

　종손의 혁신에 가까운 현대적 변용은 이뿐만이 아니다. 불천위 제사와 기제사를 분리해서 지내는 것에서도 나타나기 때문이다. 불천위 제사는 퇴계의 후손들 모두의 제사이기 때문에 종가의 추월한수정에 제청을 마련하여 지낸다. 그러나 4대 봉제사는 차종손 치억致億이 사는 서울에서 모신다. 이 제사 역시 종손이 조금 더 젊어 제사의 주관이 가능하였을 때는 종가에서 지내던 것이었다. 그러나 지금은 사정이 많이 달라졌고, 제관들도 거의 서울에 살기 때문에 현실에 맞게 그렇게 지낸다. 고비위 합설로 4대까지 지낸다고 했다.

　그러나 퇴계종가 제례에는 현대적 변용만 있는 것이 아니다. 그 변용이 강한 전통의 계승으로 남아 있는 경우가 그것이다. 퇴계의 손부 안동권씨에게서 시작되었다는 '중포'의 진설 방식은, 안동권씨에게는 당대적 변용이었겠지만, 그것이 지금은 퇴계종가의 강력한 전통이 되었기 때문이다. 이 전통은 아마도 다른 어떤 가문에서도 볼 수 없는 퇴계종가의 대표적인 자랑거리일 것이다. 생각해 보라. 집안에 남자가 아무도 없는 상황에서 열녀 권씨가 문중의 제사를 혼자 받들며 중포라는 형식을 만들어 냈던 그 아름답고도 아찔한 상황을!

퇴계종가의 제례방식, 거기에 나타난 전통의 계승 의식은 제사의 형식에 있지 않고 내용에 있다고 해야 옳을 것이다. 퇴계가 유계로 말할 정도로 강조했던 검소, 이것이 제례를 통해 지켜가고 있었던 것이다. 그리고 선조 퇴계 마음의 본지本志가 어디에 있는가 하는 문제를 고민하면서, 다른 사람에게 피해를 끼치지 않는 방향으로 제례의 계승을 결정하였다. 조상의 혼령을 집으로 모셔 와서 제사를 올리는 일종의 망제望祭 의식에서 이것은 잘 나타난다. 우리는 여기서 형식이 내용을 지배하는 것이 아니라, 내용의 건실함이 새로운 형식을 만들어 간다는 사실을 확인하게 된다.

법고창신法古創新이라 하였던가! 이것을 우리는 전통의 창조적 계승으로 흔히 이해한다. 전통을 계승하면도 여기에 고립되지 않고, 시대적 감각으로 변용하면서도 전통에 근거를 두고 있다는 것이다. 퇴계종가에서 발견되는 제례 과정의 현대적 변용 의식은 전통에 근거해 있으면서도 여기에서 자유롭고, 현대적 변용을 혁신적으로 실천하면서도 전통을 존중하기 때문에 가능하다. 우리는 여기서 종가의 제례문화가 어떻게 바뀌어 가야 하는가 하는 문제를 다시 생각하게 된다. 이 생각의 중심에 퇴계종가에서 보여 준 혁신적 결단과 그 실천이 있어 참으로 다행스럽다.

제사는 무엇 때문에 지내는가? 이에 대한 물음을 여기서 다시 던져 본다. 이 방면의 학자들은 그 해답을 대체로 정치적인 측면과 종교적인 측면으로 나누어 찾는 것 같다. 정치적 측면에서는, 가부장적 질서를 유지하기 위하여 장자長子는 집안의 제사를 주도하고 임금은 문묘에서 제사를 주도한다는 것이다. 이를 통해 초월적인 힘에 근거한 통치 권력을 얻을 수 있기 때문이다. 종교적인 측면에서는 간접 영생법을 든다. 후손에게서 제사를 받음으로써 간접적으로나마 영생을 얻는다는 것이다.

퇴계종가의 경우는, 퇴계에 대한 불천위 제사는 강력한 구심력을 유지하지만, 다른 기제사의 경우는 이러한 자장에서 많이 벗어나고 있다. 이것은 종손이 가부장적 권위를 크게 신뢰하지 않기 때문이며, 동시에 종교적 의미도 거의 배제하고 있기 때문이다. 다만 퇴계의 본지가 어디에 있었던가 하는 것을 찾아, 이를 실천하기 위하여 노력할 뿐이라는 것이다. 이 때문에 제사와 관련된 형식들이 엄숙하면서도 경쾌할 수 있었고, 전통을 계승하면서도 혁신적일 수 있었다. 퇴계종가의 제례 방식은 바로 이 점에서 더욱 돋보인다.

주

32) 仰帳: 천장에 치는 휘장을 말한다.
33) 퇴계종가의 제례음식에 대한 보고서: 국립문화재연구소 편, 『종가의 제례와 음식 7 – 진성이씨 퇴계 이황 종가』 (월인, 2005).
34) 有司: 전통사회의 모임이나 단체에서 행정을 맡아보는 직책을 말하는 것

으로, 所任이라 하기도 한다. 퇴계종가의 경우 묘소를 관리하는 유사를 따로 두어 그 명단을 사랑방에 게시하고 있다. 유사의 수는, 山城祭次所 3인, 竹洞齋舍 2인, 妙枝洞齋舍 2인, 大柿洞齋舍 2인, 宗稧 3인, 派稧 2인, 吾山堂 4인으로 구성되어 있으며, 별유사 2인을 더 두었다. 유사는 1년 단위로 선임된다.

제6장 계상 서정과 건축문화

1. 계상의 서정

　　퇴계는 아름다운 감각을 가진 사상가다. 이 때문에 2,000수가 훨씬 넘는 시를 남길 수 있었고, 저 깊고 높은 주리철학主理哲學을 체계화할 수 있었다. 퇴계는 그 자신이 태어난 온혜를 떠나 가까운 마을을 옮겨 다니다가, 50대에 들면서 토계에 집을 짓고 정착하게 된다. 이때 그의 서정적 감각이 아름답게 살아나, 언어를 통해 계상의 사물은 비로소 생명을 획득할 수 있었다. 그러나 그의 서정적 감각은 음풍농월의 류가 아니었다. 노래가 전하는 메시지는 퇴계의 봄 물결에 가닿고 가을바람에 반짝여서, 계상은 마침내 기운생동氣韻生動의 위대한 공간이 될 수 있었다.

　　일찍이 명도明道 정호程顥(1032~1085)는 "우주만물을 고요히 살펴보면 모두 제 분수대로 생기 넘치고(萬物靜觀皆自得), 네 계절의 아름다운 흥취는 사람과 하나가 되었네(四時佳興與人同)"라고 노래한 바 있다. 퇴계 역시 「도산십이곡」에서 "춘풍春風에 화만산花滿山하고 추야秋夜에 월만대月滿臺라, 사시가흥四時佳興이 사람과 한가지라, 하물며 어약연비魚躍鳶飛 운영천광雲影天光이야 어느 끝이 있을꼬"라고 하지 않았던가. 사계절은 인간과의 서정적 혹은 철학적 어울림 속에서 하나가 되었던 것이다. 이 '하나'의 즐거움으로 인해 계상의 유거幽居를 선택할 수 있었고, 「사시유거호음四時幽居好吟」과 같은 시를 지을 수 있었다.

봄날 그윽하게 사는 것이 좋아라,	春日幽居好
수레와 말발굽 소리 문에서 끊겼다네.	輪蹄迥絶門
동산의 꽃은 그대로의 성정을 드러내고,	園花露情性
뜰의 풀은 우주의 이치로 오묘하네.	庭草妙乾坤
아득히 노을 낀 골짜기에 깃들어 살며,	漠漠栖霞洞
아련한 물가의 마을에 있네.	迢迢傍水村
모름지기 돌아오며 읊조리는 즐거움 아노니,	須知詠歸樂
기수 가의 목욕을 기다리지 않아도 되네.	不待浴沂存

퇴계는 사계절 그윽하게 사는 것이 좋다는 뜻의 「사시유거호음」을 읊조린다. 사계절에 대하여 각각 읊었으니 모두 네 수이

고, 위의 작품은 그 가운데 봄을 노래한 것이다. 조용한 봄, 동산의 꽃과 뜰의 풀이 자신의 분수대로 마음껏 생명을 발산하고, 퇴계 역시 노을 가득한 골짜기와 시내 흐르는 마을에 살면서 이들 자연과 하나가 된다. 이 때문에 굳이 공자가 제자들과 더불어 기수沂水 가에서 목욕을 하며 바람을 쐬고 돌아오던 즐거움을 기다릴 필요도 없었던 것이다.

자연과 하나가 된 즐거움은 여름으로, 다시 가을과 겨울로 옮겨져 "여름날 그윽하게 사는 것이 좋아라(夏日幽居好), 찌는 듯한 더위 푸른 시내에 씻기네(炎蒸洗碧溪)", "가을날 그윽하게 사는 것이 좋아라(秋日幽居好), 서늘한 바람에 가슴이 저절로 상쾌해지네(涼飇自爽襟)", "겨울날 그윽하게 사는 것이 좋아라(冬日幽居好), 농가에서는 일 또한 쉰다네(田家事亦休)"라고 하면서, 사계절의 아름다움 흥취에 빠져들었다. 이러한 흥취 속에서 퇴계는 한서암과 계상서당, 그리고 동재東齋를 지었다. 그리고 이에 대하여 그는 여러 수의 시를 지어 계상의 서정을 노래했다. 이들 집과 관련된 시를 감상해 보자. 먼저 한서암의 풍경이다.

숲 속의 사립은 산을 향해 열려 있고,	林扉面山開
울타리 쳐져 마을 길과 막혀 있네.	插籬村蹊隔
방 안엔 조용하게 꽂혀 있는 도서,	室中靜圖書
문 앞에는 한가롭게 놓인 지팡이와 나막신.	門前閒杖屐

비온 뒤 더운 기운은 맑아지고,	雨餘暑氣淸
시냇가에는 사람들 일 없어 고요하네.	溪邊人事寂
때때로 책을 끼고 오니,	時時挾冊來
너희들 다녀간 흔적만 남아 있구나.	汝輩留行迹

    이 시가 『퇴계집』에는 잠계潛溪 송렴宋濂(1310~1381)의 「정실靜室」이라는 시를 읽다가 아들 준과 민응기閔應祺(1530~?)에게 준 것으로 되어 있는데, 『퇴계잡영』에는 한서암에서 이들에게 준 것이라 하였다. 이때 두 수를 지었는데, 이 작품은 그 첫 번째 시이다. 이 시를 보면 퇴계가 참으로 훌륭한 시인이라는 것을 바로 알 수 있다. 마을로 난 길은 막고, 산으로 향한 사립은 열어 둔 한서암, 이 작고 고요한 집에는 도서가 가지런하다. 산책을 위해 필요한 지팡이와 나막신도 한가롭게 놓여 있다. 비온 뒤의 시냇가에는 사람들의 일이 없어 적막하기만 한데, 그 사이에 책을 끼고 온 젊은 제자들, 하나는 아들 준, 다른 하나는 민응기. 이들의 흔적만 이 풍경 속으로 잠깐 스며든다.

    한서암의 풍경은 퇴계로 인해서 살아난다. 이곳에서 퇴계는 여러 편의 작품을 남기는데, 「한서암에 비가 온 뒤 일을 씀」(寒栖雨後書事)에서도 조용한 풍경 속의 독서를 노래했다. "옛사람 지금은 없지만(古人不在茲), 그 말씀은 향기로 남아 있네(其言有餘馥). 바라고 바라건대 훌륭한 벗님네들(望望三益友), 세 갈래로 난 오솔길로 와서 책 읽기를(來從三徑讀)"이라고 한 것이 그것이다. '세 갈래의 오솔길'은 세상길을 접고 은거하며 사는 사람의 정원이다. 여기서는 한서암을 의미한다. 1551년(명종 6)에 한서암을 시내 북쪽으로 옮기고 모양을 조금 달리하여 서당을 짓는다. 이른바 계상서당이다. 퇴계는 여기서 가장 활발한 강학활동을 하는데, 「계상서당에서 우연히 흥이 일어」(溪堂寓興)는 그 대표적이다.

연못을 만드니 거울처럼 열리고,	開鏡爲蓮沼
돌문을 만드니 구름이 걸리네.	披雲作石門
온화한 바람은 맑게 불고,	和風吹澹蕩
때맞춰 내리는 비에 사물이 왕성하네.	時雨發絪縕

「계당우흥」은 모두 10수다. 계상서당은 구석진 곳에 있었다. 이 때문에 사람들은 퇴계에게 너무 깊고 구석지다고 하거나 너무 험하다고 했던 모양이다. 이에 퇴계는 거리낌 없이 배회하기에 좋을 뿐만 아니라 오고 가는 데 유유자적하다고 했다. 여기에 못을 파고 돌문도 만들었다. 그러자 못은 거울처럼 열려 하늘빛이 반짝이고 돌문에는 구름이 걸린다. 여기에 온화한 바람마저 불고, 때맞춰 내리는 비에 사물들은 꿈틀거린다. 퇴계는 이러한 섬세한 관찰을 통해 계상서당 주변의 풍경과 내밀한 이야기를 나누고 있었던 것이다.

계상서당의 설경

계상서당은 퇴계가 도산서당을 짓기 전에 10년 동안 강학했던 곳이다. 여기서 퇴계는 집안의 자제들은 말할 것도 없고, 황준량, 김부의, 김부륜, 김성일, 금응훈, 우성전 등의 제자들을 가르친다. 그리고 이이를 만나고 이현보의 방문을 받기도 한다. 이 과정에서 많은 시를 지어 이들에게 주고, 그것을 『퇴계잡영』에 담았다. 이뿐만이 아니다. 금응훈의 경우, 1556년(명종 11)에 동문들과 함께 퇴계 남쪽에 띠로 이은 서재를 짓기도 했다. 스승의 일용처사를 배우기 위함이었다. 흔히 계재溪齋라고 하는 것이 이것이다. 이때 퇴계는 「시내 남쪽의 띠로 이은 서재」(溪南茅齋)라는 작품을 지어 "금군이 지은 띠로 된 서재(琴生結茅棟), 내가 사는 시내 남쪽 구비에 있네(在我南溪曲)"라며 읊조렸다. 퇴계는 1558년(명종 13)에 계상서당의 동쪽에 다시 집을 짓는다. 이른바 동재다. 이 동재에서는 「동재의 달밤」(東齋月夜)이라는 작품을 남긴다.

여름 비 처음 개이고 밤기운 맑은데,	暑雨初收夜氣淸
하늘 가운데 뜬 외론 달 창틀에 가득하네.	天心孤月滿窓櫺
은자는 안석에 기대어 고요히 말없이,	幽人隱几寂無語
선생의 「존덕성재명」을 생각하고 있네.	念在先生尊性銘

비가 개인 후의 맑은 달밤, 창틀에 달빛이 가득하다. 여기에는 어떤 사욕도 개입할 여지가 없다. 이때 그는 무엇을 하였는

가? 느긋하게 안석에 기대어 주자의 「존덕성재명尊德性齋銘」을 생각하고 있었던 것이다. 「존덕성재명」은 주자가 그의 제자 정순程洵(1135~1196)을 위해 지은 것이다. 이 글에서 주자는 하늘이 인간에게 내린 인의仁義를 제시하면서, 이것을 받들어야 한다고 했다. 인의가 마음에 있으므로 이를 공경하고 두려워해야 하며, 그렇지 않으면 옥을 잡고 가득 채웠다가 눈 깜짝할 사이에 엎질러 쏟아지는 것과 같이 된다고 했다. 이것은 퇴계 수양론의 핵심인 '경敬'에 다름 아니었으며, 이를 통해 퇴계는 인간의 심성에 깃든 상제를 만날 수 있었을 것이다.

『퇴계잡영』은 퇴계가 계상에 살면서 읊은 시를 모아 놓은 것이다. 여기에는 「동재에서 일을 느낌」(東齋感事)이라는 10수의 시도 있다. 이 시편들은 모두 7언절구로 되어 있는데 일관하는 의미는 거울을 닦듯이 자신의 내면을 닦는 것이었다. "옛사람들 무슨 일로 깊은 못에 임하는 듯 얇은 얼음을 밟는 듯하였는가(古人何事惕淵氷), 선을 좇는 것은 산을 오르는 것과 같고 악을 좇는 것은 흙이 무너지는 것과 같다네(從善如登惡似崩). 뉘우침과 화가 없기란 훌륭한 바탕으로도 어렵다네(美質尙難無悔咎). 내 지금 어찌 조심하고 조심하지 않으리(吾今安得不兢兢)"라고 한 시편 등이 그것이다. 이를 통해 퇴계는 상제를 대면하고자 했던 것이다.

퇴계 시대로 거슬러 올라가 계상의 옛 풍경들을 함께 느껴보았다. 거기 한서암과 계상서당, 계재와 동재 등의 서재가 있었

계상서당과 퇴계

다. 이곳에서 10년간 강학활동을 하면서 퇴계는 정지운의 「천명도」를 개작하고 『주자서절요』와 『계몽전의』 등의 책을 편찬한다. 기대승에게 보내는 사단칠정론의 제1서도 여기서 이루어진다. 이러한 성리학 공부에 여념이 없었지만 퇴계는 세련된 서정적 감각을 잃지 않았다. 그 다양하고 섬세한 감각들이 계상에서 살아나면서 사물에 도체道體가 흐를 수 있게 했다. 시인은 이렇게 위대한 것이다. 우리는 여기서 서늘하면서도 따뜻하고, 따뜻하면서도 서늘한, 그런 퇴계를 만나게 된다.

퇴계의 계상 서정은 그의 순수한 내면으로 가능했을 것이다. 계상에서 그는 자신의 마음을 깊이 이해했고 이 때문에 계상의 정경을 더욱 깊이 느낄 수 있었다. 벼슬을 그만두고 평화와 자유도 함께 느낄 수 있었다. 학문이 깊으면 깊을수록 자연은 더욱 그에게 가까이 다가왔고, 그 또한 자연에 더욱 가까이 갈 수 있었다. 그리하여 마침내 계상과 하나가 될 수 있었다. 여기에는 슬픔과 즐거움도 존재하지 않는다. 다만 형형한 깨어 있음과 자연 생명력의 충일充溢만이 있을 뿐!

2. 집 + 문화

　　계상의 퇴계, 그 강학 모습을 상상하는 것은 참으로 유쾌한 일이다. 강학의 여가에 섬세한 감각으로 서정을 노래하고, 그 세계를 제자들과 공유하는 모습을 상상하는 것은 더욱 유쾌한 일이다. 퇴계가 세상을 떠나고 도산서원이 만들어지면서 퇴계는 상덕사에 위패로 모셔져 제향을 받고, 계상에는 여러 가지 곡절을 거치며 종가가 들어섰다. 최근에는 계상서당 등이 복원되어 예전의 퇴계를 느끼는 데 조금 도움을 준다. 이제 우리는 지금의 종가에 좀 더 가까이 가 보자. 종가의 위치나 내력에 대해서는 앞에서 이미 이야기하였으니 생략하기로 하고, 여기에서는 건축의 구조가 어떤지, 거기에 어떤 문화가 스며들었는지에 대해서 함께

도산서원 상덕사 오르는 계단

생각해 보기로 하자.

퇴계종가는 독가촌의 형태로 되어 있다. 종손 이근필은 퇴계종가이기 때문이기도 하지만, 독가촌이기 때문에 집안에 손님이 끊이지 않는다고 회고했다. 사람들이 길을 가다가 끼니때가 되면 주위에 주막 등 먹고 쉴 만한 곳이 없어 종가에 들러 먹고 가기도 하고 자고 가기도 했다고 한다. 지금은 먹고 가거나 자고 가는 이가 없지만, 기와집이 홀로 덩그렇게 서 있는 것은 예나 지금이나 마찬가지다. 종가의 대문 앞과 옆으로는 터를 더욱 넓혀 '퇴계기념공원'을 조성하였다. 여기에는 「자명自銘」을 비롯해서 퇴계가 지은 다양한 시를 새긴 비가 세워져 있다.

종가 건물의 방향은 동향이며 규모는 34칸이다. 대체로 사랑채, 안채, 사당, 정자, 두 동의 문간채, 방앗간채 등으로 구성되어 있다. 사랑채와 안채는 'ㅁ'자 형태로 되어 있어 유기성을 확보하고 있고, 사당은 안채와 정자 사이 그 뒤편 높은 곳에 위치해 있다. 이러한 건물들을 사각의 담이 둘러싸고 있는데, 정자와 안채 사이에도 담이 있고, 사당은 재실의 기능을 겸하는 정자와 더욱 밀착시켜 생활공간인 사랑채 및 안채와 분리시켰다. 바깥쪽에서 사랑채와 정자로 들어가는 대문이 있는데, 모두 솟을대문이며 문간방이 각기 두 개씩 딸려 있다.

이제 대문을 열고 퇴계종가에 들어가 보자. 대문은 앞에서 소개한 바 있는 퇴계의 손부 안동권씨 열녀문을 겸하고 있다. 솟을대문 안에 홍살문(紅箭門)이 있고, 거기에 열녀문을 의미하는 23자로 된 '烈女……安東權氏之閭'가 새겨져 있다. 사온서 직장 이안도의 처 공인 안동권씨의 정려旌閭라는 의미이다. 나무로 된 대문에는 '봉천리奉天理' '계오생啓吾生'이라는 글귀가 붙어 있다. '천리를 받들어 나의 삶을 일깨운다'는 말이다. 퇴계가 동재의 달밤에 생각했던 주자의 「존덕성재명」에 하늘이 인간에게 부여한 것이 '인의仁義'라고 하였듯이, 이 인의를 받들어 인간의 참된 삶을 일깨우며 실천하자는 의미라 하겠다.

대문으로 들어가면 바로 만날 수 있는 곳이 사랑채다. 전통

대문에서 본 사랑채

적인 와가가 모두 그렇듯이 사랑채는 남성의 생활공간이다. 종손은 주로 이곳에 거처하며 외부에서 오는 손님을 맞이하고, 일체의 바깥일을 관장한다. 퇴계종가 사랑채는 계자각鷄子脚 난간이 멋스럽다. 필자가 종가를 방문한 2010년 10월 2일의 퇴계종가 사랑채는 여막이 만들어져 있었다. 2009년 12월 23일 퇴계의 15대 종손 이동은李東恩(1909~2009)이 향년 101세로 타계했기 때문이다. 그리고 문 위의 벽에는 호상護喪 이원강李源綱 등 '초상시집사初喪時執事'들의 이름이 길게 게시되어 있었다.

안채는 종부를 중심으로 여성들이 거처하는 공간이다. 여기서는 식사나 주안상을 마련하고, 일체의 제사 음식을 차리는 곳이다. 이 때문에 부엌이 바로 붙어 있으며, 뒤쪽의 텃밭을 이용하기 편리하도록 담에 작은 문도 만들어 두었다. 많은 채소가 자랐을 그 밭은, 지금은 매화나무로 가득하다. 사실 안채가 종가의 정침正寢이다. 이 때문에 많은 사대부가에서 사당이 없을 경우 정침에서 제사를 모셨던 것이다. 퇴계종가에서도 산소에서 조상을 모셔와 제사를 지낼 때는, 이곳 안채의 대청에 제청을 마련한다. 안채가 바로 정침이기 때문이다.

사랑채와 안채는 완전한 'ㅁ'자 형식을 갖추고 있다. 정면은 7칸, 측면은 8.5칸으로 팔작지붕이다. 'ㅁ'자 형태이기 때문에 안마당이 사랑채와 안채 사이에 있고, 거기에 장독대가 설치되어 있어 여성들의 편리를 도모하였다. 왼쪽 날개채에는 찬방과 남

안채의 문에 붙은 '울루'와 '신도'

쪽 방 등이 있으며, 오른쪽 날개채는 정자와 통하는 문이 있고, 문 옆에 고방이 딸려 있다. 문에는 '울루鬱壘'와 '신도神荼'가 큰 글씨로 쓰여 있는데, 『풍속통의風俗通義』[35]에 의하면, 이 둘은 모두 문을 지키는 신의 이름으로 특히 북동쪽으로 출입하는 귀신을 감시한다고 한다. 퇴계종가의 이 문이 북쪽에 있기 때문에 이러한 문신門神의 이름을 붙여 놓게 된 것이라 하겠다.

울루와 신도라 쓰인 문을 나서서 왼쪽으로 보면 퇴계종가의 가묘家廟가 있다. 정면 3칸 측면 1칸 팔작지붕의 형태를 취하고 있으며, 종가에서 가장 뒤쪽, 가장 높은 곳에 위치해 있다. 계단을 밟고 오르면 외삼문이 있고, 조계阼階(동쪽 계단)와 서계西階(서쪽 계단)가 놓여 있으며, 기단은 화강석이다. 사당 역시 외삼문과 마찬가지로 세 개의 문이 있으며, 가묘의 내부에는 퇴계의 신위인 불천위 고비위考妣位가 가장 왼쪽에 있고, 이후 시계 방향으로 고조고비위高祖考妣位, 증조고비위曾祖考妣位, 조고비위祖考妣位, 고비위考妣位가 모셔져 있다. 각 신위 앞에는 제상이 마련되어 있다. 여기서 설날 차례, 유두천신제 등을 지낸다.

정자는 종택의 북쪽에 있으며, 정면이 5칸이고 측면이 2칸으로 'ㅡ'자형의 팔작지붕이다. 정자의 이름은 '추월한수정秋月寒

정침과 추월한수정 사이의 가묘

水亭'으로, 여기에는 '도학연원방道學淵源坊' 등 다양한 현판이 걸려 있으며, 불천위 대제大祭를 지내거나 종손이 대외적인 관계를 맺는 곳으로 종택에서 가장 격조가 높은 곳이다. 정자로는 바깥에서 대문을 통해 들어갈 수도 있고, 사랑채나 안채의 문을 통해 들어갈 수도 있다. 대문에는 '퇴계선생구택退溪先生舊宅'이라는 현판이 걸려 있고, 문에는 '봉천리' '계민생啓民生'이라는 글귀가 붙어 있다. '천리를 받들어 백성의 삶을 일깨운다'는 말이다. 사랑채 대문에는 '계오생'이라 하여 수기修己를 강조했다면, 정자의 대문에는 '계민생'이라 하여 치인治人을 강조했다.

퇴계종택을 중심으로 퇴계기념공원과 그 주변에는 매화나무가 가득하다. 매화나무 가지 사이로 청명하기 그지없는 퇴계가 흐르고, 거기 봄 햇살이 등을 맞대고 붐빈다. 매화! 이 얼마나 조선의 선비들이 사랑했던 꽃이며, 퇴계가 또 얼마나 사랑했던 꽃인가. 매화를 의인화하여 시를 주고받기도 하고, 매화를 노래한 시 62제 91수를 뽑아 『매화시첩梅花詩帖』을 엮기도 했다. 이것은 우리 문학사상 최초로 자신이 짓고, 쓰고, 편집한 단일 주제의 시집이다. 우리는 여기서 퇴계의 매화시 한 수를 감상하지 않을 수 없다. 『퇴계잡영』에 수록되어 있는 것을 골라 보자.

개울가에 찬란하게 핀 매화 두 그루,
그 향기 앞 숲으로 번지고 빛은 다리 아래로 비치네.

한기 이끌어 서리 얼게 함은 두렵지 않지만,
다만 따뜻한 햇살에 옥 같은 눈 녹을까 근심이 되네.
溪邊粲粲立雙條　香度前林色映橋
未怕牽寒霜易凍　只愁迎暖玉成消

제목도 '매화'다. 퇴계 가에 핀 두 그루의 매화, 그 향기 조용히 퇴계를 건너 숲에 이르고, 그 빛 조용히 물결에 감돈다. 대지는 아직 음陰의 기운이 가득하여 겨울로 스산한데, 매화 가지가 꽃을 발하여 비로소 양陽의 기운이 움직이고 있다는 것을 보여 주었다. 이것을 감지한 퇴계는 갑자기 봄이 와서 매화가 빨리 져버리는 것을 근심하였다. 옥에 비유한 매화가 눈처럼 녹아 버리는 것을 근심한다고 한 것이 그것이다. 여기서 우리는 퇴계가 매화를 하나의 리理로 보고 있다는 것을 알게 된다. 이 '리'는 우리가 하늘로부터 부여받은 것으로 잘 간직하며 지켜 가야 하는 것이기 때문이다. 다음과 같은 매화시도 같은 방향에서 읽힌다.

고맙게도 매화가 나의 외로움 함께 하니,　頓荷梅仙伴我涼
나그네 집은 쓸쓸해도 꿈길만은 향기롭네.　客窓蕭灑夢魂香
귀향길은 그대와 함께 못해 한스럽지만,　東歸恨未携君去
서울 세속 속에서 아름다움 고이 간직하시게.　京洛塵中好艶藏

듣건대 당신도 우리처럼 외롭다 하니,	聞說陶仙我輩凉
공이 돌아오시는 날 천향을 피우리라.	待公歸去發天香
바라건대 공이시여 서로 생각하는 곳에,	願公相對相思處
옥설 같은 맑고 참됨 함께 잘 간직하세.	玉雪淸眞共善藏

    퇴계는 서울에 있을 때 분매盆梅를 키웠다. 이 시는 서울에서 상계로 내려오면서 그 분매에게 준 이별시이다. 서로 주고받는 형식을 취하고 있다. 퇴계는 매화를 매선梅仙이라 하였고, 매화는 퇴계를 도선陶仙이라 하였다. 퇴계는 서울이라는 세속 공간에서 매화를 유일한 친구라 생각했다. 이들은 서로의 외로움을 달래며 향기를 주고받아 왔는데, 이제 헤어지게 되었던 것이다. 퇴계는 매화에게 '아름다움'을 잘 간직하라고 하고, 매화는 퇴계에게 '옥설청진玉雪淸眞'을 잘 간직하라고 했다. 인욕이 사라진 상태다. 바로 '천리'를 마음에 품고 있자고 이렇게 서로 격려하였던 것이다.

    나는 이즈음, 퇴계종택 대문에 붙어 있는 '봉천리'를 다시 생각한다. 그리고 봄이면 종택 주변에 화사하게 피어나는 매화를 생각한다. 퇴계에게서 매화는 천리의 상징이었고, 이것에 대한 계승을 퇴계종택은 표방하고 있었다. 이 천리를 받들며 한편으로 자신의 삶을 일깨우고, 다른 한편으로 백성의 삶을 일깨운다고 했다. '계오생'과 '계민생'은 이것에 다름 아니다. 천리를 바탕으로 한 '수기'와 '치인', 이 평범하면서도 위대한 진리를 여기 퇴계종택에서 만날 수 있다. 글씨는 16대 종손 이근필이 썼다.

매화

3. 추월한수정에서

퇴계종택에서 추월한수정은 특별하다. 이 정자의 건립을 바탕으로 퇴계종택의 면모가 새로워지기 때문이다. 추월한수정의 건립 과정은 앞에서 이미 언급하였으므로 여기서는 이 정자의 명칭이 의미하는 바와 함께 정자에 게판되어 있는 다양한 현판들의 의미를 알아보도록 한다. 도산서원 원장을 맡은 창설재蒼雪齋 권두경權斗經(1654~1726)의 발의로 이 정자가 건립되었고, 정자의 이름은 물론이고 이와 관련한 다양한 이름 역시 권두경이 명명한다. 권두경이 명명한 해가 1715년(숙종 41)이었으나, 이것이 본격적으로 불린 것은 1829년(순조 29) 이후였다. 이러한 사정을 후계後溪 이이순李頤淳(1754~1832)은 다음과 같이 전하고 있다.

추월한수정 전경

1715년(숙종 41) 을미乙未에 충재 선생의 후손인 수찬 창설재 권두경 공이 도산서원의 원장이 되었을 때, 한서암 앞의 고택 유지가 다른 사람에 의해 경작되고 있어 유적을 표시할 수가 없자 이곳에 집을 지으려 하였다. 종손 현령공(이수겸)이 그 땅을 다시 사서 드디어 여섯 칸의 집을 세우고 이름을 추월한수정秋月寒水亭이라 하였다. 재를 '이운理韻'이라 하고, 당을 '완패玩佩'라 하였으며, 방坊을 '도학연원道學淵源'이라 하였는데, 모두 권공이 명명한 것이었으나 편액을 걸지는 못하였다. 오직 산남궐리山南闕里, 해동고정海東考亭, 안락정시顔樂亭詩 등의 여러 편액을 먼저 걸어두었으나 후인들은 누가 명명한 것인지를 알지 못했다. 그 뒤에 정자의 이름과 당과 재의 이름을 『창설집』 가운데서 찾아 걸기를 도모하였다.

이 글은 후계 이이순이 한서암 등 퇴계와 관련된 유적을 고증하면서 쓴 「문순공댁리수석정대사묘文純公宅里水石亭臺祠廟」 가운데 '추월한수정'에 대하여 기록한 것이다. 여기에 의하면, 1715년에 창설재 권두경이 종손 이수겸과 함께 정자를 건립하고, 권두경이 정자의 이름과 함께 재齋와 당堂, 그리고 방坊의 이름을 이미 지어 두었으나 그것을 게판하지는 않았다고 한다. 그리고 이이순이 살았던 19세기 초반까지 누가 명명한 것인지 알지 못하는 '산남궐리' 등의 편액은 걸려 있었지만, '추월한수정' 등의 편액은 걸려 있지 않았다. 이 때문에 사람들은 그 정자의 이름을 알지 못해서, 다만 외한서外寒栖라 하였다고 한다.

> 지난 1715년(숙종 41) 을미乙未 봄에 검토관檢討官 창설재 권두경 공이 도산서원의 원장이 되어 주손인 현감 수겸守謙 공과 함께 새 집 6칸을 한서암 밖 고택의 유지에 지었다. 한서암의 우익羽翼으로, 대개 선생의 유적을 드러내서 후세에 전하고자 하는 뜻이었다. 후생이 다만 전설에 의지하여 새로 지은 집을 일컬어 '외한서'라 한 것은 이름이 없었기 때문이다.

이이순이 추월한수정의 편액과 관련된 글을 쓴「추월한수정
계편기사秋月寒水亭揭扁記事」의 일부이다. 이 글은 집을 지은 지 115
년 뒤인 1829년(순조 29)에 쓴 것이니, 추월한수정으로 세상 사람들
에게 널리 일컬어졌던 것은 적어도 1829년 이후라는 사실을 알
수 있다. 이이순이『창설재집』에서 본 글은「계상유지건옥표방
고증溪上遺址建屋表坊考證」이었다. 여기에는 '도학연원방', '추월한
수정', '이운재', '완패당'이라 명명한 과정과 이유가 제시되어
있다. 들어 보자.

> 드디어 을미년 늦은 봄에 나무와 도자기 흙 등을 모으고, 관청
> 에서는 장정을 조달하고, 서원에서는 공인貢人을 먹이고, 선생
> 의 여러 후손들은 그 공사를 관리 감독하고, 읍후邑侯는 때때
> 로 와서 위로하며 재목을 실어 나르고 양식을 보탰다. 여섯 칸
> 의 집을 짓고는 담을 두르고 문을 세워 이름을 '도학연원방'
> 이라 하였다.

권두경이 집을 처음 짓고 '도학연원방'이라 했던 과정을 적
은 것이다. 당시 퇴계의 후손은 물론이고 관청과 서원 등 여러 곳
에서 힘을 모아 집을 지었던 사실을 알 수 있다. 이이순은 도학연
원방에 대하여, "건양建陽 삼계리三桂里에 문공文公의 궐리闕里 앞
에 네 자의 방을 세운 것에 근거한 것이다"라고 하였다. 송나라

도종度宗(1240~1274)이 주자의 고향인 휘주徽州를 '문공궐리文公闕里'라 명명하고 여기에 '도학연원방'을 세워 기렸던 것을 염두에 둔 것이다. 주자학의 정수가 퇴계에게 전해졌고, 상계가 바로 조선 도학의 본산임을 내외에 천명한 것이다. 또 다음의 글을 보자.

> 가만히 학봉 김 문충공(김성일)의 기록을 보니, 고봉 기 문헌공(기대승)이 선생의 마음을 일컬어 '추월한수秋月寒水'와 같다 하였다고 한다. 이에 계상 새 집의 현판을 '추월한수정'이라 하였다. 뒷사람으로 하여금 우러러보는 사이에 생각하고 깨닫게 하여 거의 보고 느끼며 체인體認하는 효과가 있을 것이니, 아마도 옛날을 생각하여 근거가 있고 후세에 드리워도 의심이 없을 것이다.

사실 '추월한수'는 주자의 시 「재거감흥齋居感興」가운데, "공손히 생각하니 천년을 이어온 성인의 마음은(恭惟千載心), 가을 달빛이 차가운 물에 비추는 것 같네(秋月照寒水)"라고 한 데서 취한 것이다. 고봉 기대승이 이로써 스승 퇴계를 형용하였고, 학봉 김성일은 다시 이로써 기록해 두었으며, 권두경은 또 이로써 정자의 이름을 취하였던 것이다. 여러 선비가 그렇게 말하고 있듯이 '추월한수'는 성현이 천년 동안 서로의 마음을 전하던 묘리妙理의 형용이었다. 세속적 티끌이 하나도 없이 광풍제월光風霽月로

트인 퇴계의 인품을 이렇게 비유한 것인 동시에 퇴계에게로 전해진 성현상전聖賢相傳의 심법을 확인한 것이기도 하다. 이제 완패당과 이운재라는 현판을 보자.

> 당과 실에 이름이 없을 수 없다는 사람이 있어, 가만히 선생의 「자명」을 보니, "나의 회포 여기서 막히니(我懷伊阻), 나의 패옥 누가 구경해 주리(我佩誰玩)"라고 하셨다. 한탄하고 탄식하는 가운데 세상과 더불어 서로 화합하지 못함과 그 덕을 아는 자가 드물다는 것을 보여, 후인들 가운데 생각이 깊고 원대한 자가 나타나기를 희망하신 것이다. 그 『주서절요朱書節要』의 서문을 쓰시면서 "해가 뽕나무와 가래나무 사이에 걸리니(年薄桑榆), 여운을 다스리기가 어렵다(餘韻難理)"라는 탄식을 하셨다. 남은 책을 끌어안고 후학을 기다리는 뜻이 있는 것이다. 말씀을 살펴서 풀어 보면, 사람으로 하여금 깨닫지 못하는 사이에 개연히 감동을 일으켜 척연히 아득한 후세에 경모를 일으키게 하니, 이른바 말은 다함이 있으나 뜻은 다함이 없다는 것이다. 이 말에서 취하여 당을 '완패'라 이름 하고, 재를 '이운'이라 이름 하였다.

권두경은 '도학연원'이나 '추월한수'와는 달리 당의 이름 '완패'와 재의 이름 '이운'을 조금 다른 곳에서 찾았다. 바로 퇴계의 글에서 취하였기 때문이다. 앞의 것은 「자명」에서, 뒤의 것은 「주자서절요서」에서 찾았다. 모두 '한탄'의 의미가 잠복해 있다. "세상과 제대로 맞지 않아 자신이 갖고 있는 옥과 함께 놀 사람이 없고, 세월이 쏜살같이 흘러 벌써 모경에 이르렀으니 여운 餘韻을 어떻게 할 것인가"라고 한 것이 그것이다. 권두경은 이러한 감동을 불러 일으켜, 독자로 하여금 퇴계에 대한 아련한 존경심을 유발하게 했다. 그야말로 말은 다하였지만 뜻이 무궁하다는 것을 보였다. 그리고 그 역시 여기에 대해서는 각각 시를 지어 찬양하였다. 시는 이렇다.

선생께서 지니셨던 것은,	先生之佩
금옥처럼 순수하고 정밀하였네.	玉粹金精
무엇으로 터득하셨던고,	何以得之
주자의 편지가 진경이었네.	朱牘眞經
이해하는 사람 없어,	解賞無人
개연히 길이 탄식하셨지.	嘅焉永歎
원컨대 우리들은,	願言吾儕
깊이 생각하며 보배를 완미하세.	潛心寶玩
보배로운 갑 속에 든 훌륭한 거문고,	寶匣瑤琴
줄이 끊긴 지 오래라네.	絃絕多年

선생께서 멀리 이어,	先生遠紹
그쳐 버린 소리 다시 전하였네.	輟響再傳
경전을 대한 매화 창에,	黃卷梅窓
몇 번이나 봄소식 돌아왔던고?	幾回春信
힘쓸지어다, 후생들이여!	勖哉後生
오히려 여운을 다스려 보세.	尚理餘韻

　권두경이 옥산서원의 예에 따라 위와 같이 찬미하였는데, 앞의 것은 「완패당」이고, 뒤의 것은 「이운재」다. 퇴계는 「자명」에서 "나의 패옥 누가 구경해 주리"라고 하였고, 권두경은 "우리가 깊이 생각하며 그 보배를 완미하자"라고 하였다. 그리고 퇴계가 「주자서절요서」에서 "여운을 다스리기가 어렵다"라고 하자, 권두경이 "후생들이 그 여운을 다스려 보자"라고 했다. 퇴계가 갖고 있었던 금옥 같은 패옥과 천년을 이어 준 거문고 소리, 후인들은 그 패옥을 갖고 노닐며 다시 천년을 잇자는 노래다. 절실하면서 아름답다. 마음에서 마음으로 전하는 그 '추월한수'의 진리가 과거에서 그치는 것이 아니라 현재의 것이며 또한 미래의 것이라는 말을 권두경은 지금 우리들에게 하고 있는 것이다.

　추월한수정에는 이 밖에도 '산남궐리', '해동고정' 등의 현판이 더 있다. 주자의 고향마을을 '문공궐리'라 했고, '산남도山南道'[36]는 경상도의 다른 이름이니, '산남궐리'는 퇴계의 고향마

추월한수정, 도학연원방, 산남궐리, 해동고정, 이운재, 완패당 현판

을을 부른 것이다. '궐리'가 공자가 태어난 곳임을 염두에 둘 때, '산남궐리'는 퇴계가 살았던 상계가 바로 공자의 궐리라는 것이다. 그리고 '해동고정'은 주자가 강학하던 고정을 빗댄 것이니, 상계가 바로 그러한 곳이라는 말이다. 이로 보면 상계는 공자의 궐리이며 주자의 고정이 된다. 바로 공자의 가르침이 주자를 거쳐 퇴계에게 이르고 있다는 것을 천명한 것이다.

추월한수정은 일제의 방화로 불탄다. 그 후 1926년에 발의하여 2년 만에 복원하게 된다. 따라서 우리가 보는 현판은 후계 이이순이 보았거나 걸었던 그 현판이 아니다. '추월한수정'과 '퇴계선생구택'은 일제강점기 안동의 독립운동가이기도 한 이고貳顧 이동흠李棟欽(1881~1967)이 썼고, '도학연원방'은 퇴계의 14세손이자 『배달족강역형세도倍達族彊域形勢圖』를 저술한 원대圓臺 이원태李源台(1899~1946)가 썼다. 그리고 '산남궐리'나 '해동고정'은 해강海岡 김규진金圭鎭(1868~1933)이 썼고, '이운재'와 '완패당'은 해강의 제자인 만재晩齋 홍락섭洪樂燮(1874~1918)이 썼다고 한다.

추월한수정에 앉아 성현이 서로 전하던 천고의 심법을 생각한다. 요순우탕堯舜禹湯, 문무주공文武周公, 공맹孔孟과 정주程朱를 거쳐 퇴계로 전해지는 '추월한수'의 심법 말이다. 고봉 기대승과 학봉 김성일이 스승 퇴계를 통해서 이것을 보았고, 창설재 권두경은 이를 생각하면서 정자를 명명하였고, 후계 이이순은 창설재 권두경이 행한 일련의 사업을 통해 이것을 보았다. 여기서 우리는 요가 순에게 전하고, 순이 우에게 전하고, 마침내 퇴계에게 전해진 정일집중精一執中[37]의 심법 그 '경敬'을 다시 만난다. 추월한 수는 '경'이 이룩한 비유이며 살아 있는 감각 바로 그것이다.

> 주

35) 『風俗通義』: 중국 後漢 말의 학자 應劭가 편찬한 책으로, 줄여서 『풍속통』이라고도 한다. 典禮를 살피고 당시의 풍속을 바로잡으려는 목적으로 쓰였으며, 10개의 目으로 나누어 기술되어 있다.
36) 山南道: 고려 成宗(960~997) 시대에 전국을 십도로 나누었다. 關內道, 中原道, 河南道, 嶺南道, 嶺東道, 山南道, 江南道, 海陽道, 朔方道, 開城府가 그것이다. 『세종실록지리지』에 의하면, 산남도는 진주의 관할 지역이었다.
37) 精一執中: 『書經』 「大禹謨」에 "사람의 마음은 오직 위태롭고, 도의 마음은 오직 희미하니, 정신을 오로지 하나로 모아 진실로 그 중정을 잡아야 한다"(人心惟危, 道心惟微, 惟精惟一, 允執厥中)라고 한 데 근거한 것이다. 舜임금이 禹임금에게 帝位를 선양할 때, 이 말로써 도를 전했다고 한다.

제7장 **종손과의 대화**

1. 15대 종손 이동은

내가 퇴계 종손 이동은을 마지막으로 뵌 것은 2008년 여름이었다. 1909년에 태어났으니 꼭 100세 되는 해였고, 2009년 12월에 하세하였으니 세상을 뜨기 1년 전쯤 되는 시기였다. 그때 종손은 바퀴가 달린 알루미늄 의자에 앉아 있었고, 반소매의 하얀 적삼을 정갈하게 입고 있었다. 내가 종손의 곁으로 가서 성주 갓말에 사는 정 아무개라 하였더니 금방 알아보았다. 연로하였으나 정신이 아주 맑았던 것이다.

나의 고향 갓말(지촌)은 한강 정구의 후손들이 모여 사는 곳이다. 지금은 작고하였지만 한강 종부가 이곳 상계에서 시집온 상계댁이었다. 종손은 이 사실을 이야기하면서, 돌아가신 한강 종손과 자신의 관계에 대하여 말하였다. 한강 종손 정원식鄭元植 (1916~1980)이 종손의 삼촌인 이원태李源台의 사위가 되었기 때문이다. 종손은 갓말을 방문했던 기억을 떠올렸다. 그리고 당신보다 4세 위였던 나의 조부 후산厚山 정재화鄭在華(1905~1978) 공을 만났던 사실도 회고했다.

백세옹 이동은

종손 이동은은 지금의 퇴계 영정을 많이 닮았다. 이 때문에 어떤 사람은 천 원권 지폐 속에 있는 퇴계 표준 영정의 모델이 바로 종손 이동은이라고 한 적도 있었다. 현재 한국은행이 소장하고 있는 퇴계 영정은 1974년에 현초玄艸 이유태李惟台(1916~1999)가 그린 것이다. 당시 종손 이동은은 67세였다. 나는 이에 대한 사실 여부를 아들 이근필에게 물어본 적이 있는데, 그것은 사실이 아니라고 했다. 호사가들이 만들어 낸 이야기라는 것이다.

종손은 기유생己酉生(1909)으로 한일합방이 되기 한 해 전에 태어났다. 이웃 어른에게 『천자문』과 『동몽선습』을 배우고, 나중에 일가 어른에게 『통감通鑑』 6책과 사서四書를 배웠다. 이 과정에

시골학교인 도산보통학교를 11세에 입학, 그 이상의 신교육은 받지 않다가, 17세에 대구 소재의 경북중학교에 입학했다. 장가든 후 처가에서 그렇게 권유하였기 때문이다. 그러나 문중의 반대로 중학교 2학년 과정 중에 자퇴를 하고 만다. 문중에서 반대한 이유는 종갓집에서 일본식 신식 교육을 받을 수 없다는 것이었다. 당시 일제강점기의 유림은 대부분 이처럼 신교육을 거부하면서 전통을 고수하고자 하였는데, 퇴계종가에서도 이러한 현상이 강력하게 나타났던 것이다.

집으로 돌아온 청년 이동은, 어떻게 갈등이 없었겠는가. 그러나 사서삼경을 중심으로 한 전통 교육을 가학으로 전수받으며 적응해 나갔다. 이때 그는, 종손은 맡는 것이 아니라 맡겨지는 것이라고 생각했을지도 모르겠다. 이후 신교육을 통한 사회진출은 완전히 포기하고, 퇴계 종손으로서의 책무를 다하기 위한 자신의 삶을 묵묵히 걸어 나갔다. 퇴계 대조大祖를 불천위로 모신 사당을 지키면서 경서를 읽거나 시문을 지었고, 또 접빈객과 봉제사에 최선을 다하는 그런 삶이었다.

혼인은 봉화 해저海底(바래미)의 의성김씨와 하게 되는데 경술생庚戌生으로 한 살 아래였다. 의성김씨는 향년이 90세였으니 종손보다 10년 정도 빨리 세상을 떠났다. 아들 이근필은 어머니에 대하여 '남자 같은 성품'에 '참 고생을 많이 한 어른'으로 기억한다. 90세면 수壽를 하였다 하겠는데, 이근필은 그 이유를 '소식

小食'으로 들었고, 어머니의 '고생'과 연관시키고 있어 흥미롭다. 즉 종택에 손님들이 워낙 많이 와서 접빈객하느라 고생이 많으셨는데, 이 때문에 당신 스스로는 평소 소식을 하지 않을 수 없는 상황이었다는 것이다.

'수'에 대해서는, 이동은에게 세인들의 관심이 많았다. 그는 101세까지 살았기 때문이다. 이미 여러 언론기관을 통해 알려진 사실이기도 하지만, 그는 퇴계의 『활인심방』에 근거하여 평소 몸 관리를 하였다고 한다. 사실 『활인심방』에서 제시하는 동작은 매우 단순한 것이다. '취', '허', '휴', '스' 등으로 발성하며 숨을 내쉬고, 치아끼리 부딪치게 하거나, 몸을 좌우로 돌리며 손발을 스트레칭하거나, 머리를 뒤로 빗는 등의 동작이 그것이다. 이러한 동작을 하면서, 때로 경전을 읽고, 때로 계상 주변을 소요逍遙하였으며, 때로 사람들을 만났던 것이다.

『활인심방』에서 제시하는 스트레칭도 중요하지만, 더욱 중요한 것은 성품과 자기만족이다. 이근필은 아버지에 대해 성품은 '아주 온화'하고 동작은 '굉장히 느렸다'고 증언한다. 이러한 느긋한 성품과 인생 자세로 그는 퇴계로부터 부여받은 생명을 온전히 지킨 것이었다. 『활인심방』에는 '중화탕中和湯' 제조법이 나온다. 이 약은 '사무사思無邪'(삿된 생각 하지 않기), '행호사行好事'(좋은 일 행하기), '수본분守本分'(본분 지키기), '순천도順天道'(천도에 순응하기) 등 30가지의 약제로 만든다. 그는 퇴계가 제시한 이 중화탕을 날마다 복용하였다. 이것이 최대의 장수 비결이었던 것이다.

이근필은 나에게 봉투를 하나 내어 놓았다. 그 속에는 단아한 서체로 쓰인 이른바 「퇴계선생수신십훈退溪先生修身十訓」이 있었다. 말미에 '무자원단이동은경서戊子元旦李東恩敬書'라고 쓰고, 그 아래 '이동은인李東恩印'이라는 낙관을 찍었으니, 종손 이동은이 2008년 설날 아침에 쓴 것이다. 100세 되는 날이었다. 백세옹이 이렇게 정갈한 글씨를 쓸 수 있었다는 것도 참으로 놀랍지만, 이에 대한 내용으로 자신을 가다듬어 갔을 것을 생각하니 갑자기 숙연해졌다.

이동은이 쓴 퇴계의 수신10훈

이 십훈을 『퇴계집』에서는 찾을 수 없다. 17세기에 살았던 호남 선비 창계滄溪 임영林泳(1649~1696)의 문집인 『창계집』에 퇴계의 글로 기록되어 있으나 퇴계의 글이 아니라며 논란한 사람도 있었다. 이후 밀암密庵 이재李栽(1657~1730)가 호남지방으로 여행을 하고 난 후 「금수기문錦水記聞」을 쓰게 되는데 여기서도 이 십훈을 『창계집』에서 확인한 바 있었다. 특히 면우勉宇 곽종석郭鍾錫 (1864~1917)은 「퇴계선생십훈찬退陶先生十訓贊」을 지어 "선생이 아니면 결코 이러한 말을 쉽게 할 수 없을 것이다"라고 하면서 퇴계와 함께 이 글을 찬양하기도 했다. 종손 백세웅은 이것을 정갈한 필치로 써 내려갔다.

- 一. 立志當以聖賢自期 不可存毫髮退托之念: 뜻을 세움에는 마땅히 성현聖賢을 목표로 하고 털끝만큼도 못났다는 생각을 해서는 안 된다.
- 一. 敬身當以九容自持 不可有斯須放倒之容: 몸가짐을 경건히 함에는 마땅히 아홉 가지 바른 모습[38]을 지키고 잠깐 동안이라도 방종한 태도를 가져서는 안 된다.
- 一. 治心當以淸明和靜 不可墜昏沉散亂之境: 마음을 다스림에는 마땅히 깨끗하고 고요하도록 힘쓸 것이요, 흐릿하고 어지러운 지경에 떨어져서는 안 된다.
- 一. 讀書當務研窮義理 不可爲言語文字之學: 글을 읽을 때는

마땅히 그 뜻을 밝히는 데 힘을 쓸 것이요, 말과 문자에만
매달리는 공부가 되어서는 안 된다.

一. 發言必詳審精簡 當理而有益於人: 말을 할 때는 반드시 자
세하고 간결簡潔하게 하되 이치에 맞아서 사람에게 도움이
되어야 한다.

一. 制行必方嚴正直 守道而毋汚於俗: 행동을 제어함에는 반드
시 바르고 곧도록 해야 하고 도리를 지켜서 세속에 물들지
말아야 한다.

一. 居家克孝克悌 正倫理而篤恩愛: 가정생활에서는 효도와 우
애를 다할 것이며 윤리를 바로잡고 은혜와 사랑을 독실하
게 해야 한다.

一. 接人克忠克信 汎愛衆而親賢士: 사람을 대할 때에는 성실
誠實과 신의信義를 다하고 모든 사람을 사랑하되 어진 이를
가까이 해야 한다.

一. 處事深明義理之辨 懲忿窒慾: 일을 처리함에 있어서는 옳
고 그름을 철저히 밝히고 분노를 억누르고 욕심을 줄여야
한다.

一. 應擧勿牽得失之念 居易俟命: 과거에 응시해서는 그 득실에
얽매이지 말고 평이하게 행하면서 천명을 기다려야 한다.

모두가 일생생활에 있어 절실한 것이 아님이 없다. 어떻게

뜻을 세우고, 어떻게 몸가짐을 가져야 하는가 등이 친절하게 제시되어 있다. 무엇보다 과거 응시의 문제에 대해서도 언급하고 있어 흥미롭다. 사실 퇴계는 과거공부를 열심히 하여 문과에 급제하였고, 아들 준이나 조카, 그리고 손자 안도에게 독서와 과거를 독려하였다. 그러나 후에 퇴계는 여러 차례 물러날 것을 상소했고, 호를 퇴계로 삼으며 마침내 시냇가로 물러나 은거하였다. 얼핏 보아 모순된 듯도 하다. 그러나 그의 벼슬관은 위에서 보듯이 '거이居易'와 '사명俟命'에 의한 것임을 알 수 있다. 권력욕에 따라 벼슬을 하는 것이 아니라 천명에 순종하며 평이하게 해야 한다는 것이 그것이다.

'도덕구국道德救國, 심성도정心性導正, 예지낙지譽之樂之, 적수성천滴水成川'. 이것은 이동은이 「퇴계선생수신십훈」을 시작하면서 그 머리에 도장을 새겨 찍어 놓은 글귀다. '도덕으로 나라를 구하고, 심성을 바른 곳으로 인도하며, 다른 사람을 기리며 그것을 즐거워하고, 물방울이 모이면 내를 이룬다'는 내용이다. 이것은 아들 이근필이 봉투에 써서 광고하는 것이기도 한데, 도덕사회를 조금씩, 그리고 겸손한

'도덕구국, 심성도정, 예지낙지, 적수성천' 인장

마음으로 이루어 나가자는 조용한 구호다. 퇴계 종손이 우리 사회에 던지는 중요한 메시지인 듯해서 그 의미가 깊으면서도 절실하다.

2. 16대 종손 이근필

16대 종손 이근필. 예전에 어떤 자리에서 뵌 적이 있었는데, 손을 귀에다 대고 다른 사람의 말을 경청하고 있었다. 나는 그때 종손 어른의 이러한 행동이 남의 말을 하나도 놓치지 않고자 하는 세심한 성품에서 온 줄로 알았다. 물론 그런 이유도 있었겠지만, 사실 귀가 제대로 들리지 않기 때문이라고 했다. 그런데 지난 2010년 가을에 종택으로 종손을 방문했을 때는 사람의 말이 전혀 들리지 않는다고 하였다. 대화는 손바닥만 한 화이트보드로 해야만 했다. 거기에 글을 써서 간단한 질문을 하면 이에 따라 답변하는 그런 상태였다.

나는 종손과의 대화를 통해서 바로 알 수 있었다. 세상의 시끄러운 소리가 조금도 들리지 않지만, 그 내면은 '퇴계'와 '종가'와 '유학'의 운율로 조화롭게 흐르고 있다는 것을. 어쩌면 바깥으로 소리가 아득하면 아득할수록 안은 더욱 형형한 소리로 가득해 왔는지도 모를 일이다. 여러 가지 물음에 대하여 그는 홀로 이야기하였지만, 퇴계 종손으로서의 자부심, 세상에 대한 걱정, 도덕사회 건설을 위한 꿈 등 평소 지니고 있었던 생각들을 진솔하고 명료하게 들려주었다.

이근필은 임신생壬申生으로 1932년에 태어났다. 경북대학교 사범대학 교육학과를 졸업하고 1958년부터 3년간 인천의 제물포고등학교에서 교편을 잡았다. 그러나 이를 그만두고, 종택 인근의 도산초등학교에 교편을 잡았으며, 여기서 교장으로 근무하다가 이 학교가 안동댐 공사로 인해 폐교되면서 인근의 온혜초등학교로 옮겨 이곳에서 정년을 하였다. 혼인은 3살 연하인 우복愚伏 정경세鄭經世(1563~1633) 종가의 진양정씨와 하였다. 정씨부인은 지병으로 오랜 고생을 하다가 19년 전쯤에 세상을 떠났으니, 종손은 홀로 되신 아버지를 모시며 오랫동안 홀로 살아왔다. 슬하에는 1남 3녀를 두었다.

이근필은 부모에 대한 이야기를 많이 했다. 앞에서 서술한 '15대 종손 이동은'도 이근필과의 대화에 근거한 것이다. 온화한 아버지와 엄격한 어머니 사이에서 자랐으며, 그 자신은 매우 활달한 성품을 지니고 있었다. 이근필은 아버지와 어머니의 성격이 바뀌었다고 하면서, 아버지에게는 귀여움을 많이 받았고 어머니에게는 꾸중을 많이 들었다고 했다. 특히 어머니가 소년 이근필을 교육시키는 장면은 하나의 감동으로 다가온다. 그의 육성을 들어보자.

> 이 어른이 날 때려 가지고는 안 되겠다 해 가지고, 당신이 당신 종아리를 때려요. "내가 니 때문에 니 사람 못 맨드라 가지고 내가 맞아야 된다. 내가 벌을 받아야 된다" 하면서 맞으세요. 날 때리면요 나는 도망을 가버려요, 도망을 가이게네 그게 훈계가 안 돼요. 그러이 당신이 당신을 때리면 내가 도망을 못 가고 '아, 참말로 내 때문에 저렇게 고생을 하신다' 이런 생각을……

종손은 맏이로 내려오기 때문에 항렬은 낮지만 나이가 많을 수 있다. 자신보다 나이가 적은 삼촌이나 종조부 등이 있을 수 있고, 할아버지가 둘째, 셋째 부인을 맞는 경우는 더욱 그렇다. 이근필의 경우도 마찬가지여서, 두 살과 다섯 살 아래의 삼촌이 있었고, 네 살 아래 종조부가 있었다. 어릴 때 같이 놀면서 나이 많은 이근필이 이분들을 괴롭히자, 어머니는 자신을 때리면서 매섭게 훈계하셨다는 것이다.

부모가 돌아가시고, 그 역시 이제는 80세이다. 그러나 그는 퇴계 종손으로서, 교육자로서, 유학자로서의 꿈이 있다. 사람답게 사는 세상을 만드는 것이 바로 그것이다. 끔찍하고 흉측한 기사가 연일 신문에 대서특필되는 그런 사회가 아니라, 훈훈하고 아름다운 기사가 넘치는 그런 사회. 만일 그런 사회가 될 수 없다면, 신문을 만들어 다른 사람의 미담이라도 전하며 함께 기리고 싶었다.

그러나 신문을 만드는 것이 능력 밖의 일이라고 생각한 종손은 광고廣告를 하기 시작했다. 그것이 바로 봉투지 광고라는 것이다. 자신의 위치에서 사람답게 사는 세상은 어떻게 만들어 갈 수 있는지를 많은 사람에게 봉투에 써서 알리는 것이 바로 이 봉투지 광고다. 이것은 종택을 방문하거나 선비문화수련원에 오는 사람들에게 전해진다. 봉투지의 앞면에 '수제광고手製廣告 민들레처럼'이라는 말이 머리글로 강조되어 있다. 손수 만들어 널리 알리는 것으로, 이것이 민들레의 홀씨처럼 날아 세상에 퍼지기를 희망하는 바람이 담겨 있다.

'수제광고 민들레처럼' 아래는, 앞에서 소개한 바 있는 아버지 이동은이 「퇴계선생수신십훈」을 쓰면서 그 앞머리에 도장에 새겨 찍어 둔 글, 거기서 '계효반정啓曉伴征'이라는 한 구를 더 보탰다. 이렇게 보면, 15대 종손 이동은이 '도덕구국, 심성도정, 예지낙지, 적수성천!'이라고 하면, 16대 종손 이근필이 '계효반정 합시다'라는 말로 받는다. 우리는 여기서 퇴계 종손들의 도덕적 책무와 정신적 계승을 가장 적극적으로 보게 된다.

봉투의 하단에 '장래의 큰 선비 만들기'라는 글귀를 강조하였다. 이를 통해 우리는 이근필의 수제광고의 초점이 어린이에게 있다는 것을 알게 된다. 그 스스로가 초등학교 교장으로 오랫동안 근무하였기 때문이기도 하지만, 사람은 어릴 때의 싹이 중요하다는 생각을 하였기 때문이다. 어릴 때 어떤 마음을 갖는가에 따라 그 사람이 어떤 사람이 되는가 하는 것이 결정된다. 이것은 그의 아버지 이동은이 소학적小學的 실천을 강조하며 어린이 교육을 중시한 바가 있는데 그 맥락을 같이한다고 하겠다.

이근필은 '장래의 큰선비 만들기'가 도선서원 허시회虛施

> **手製廣告 민들레처럼**
>
> **道德救國**
> 도 덕 구 국
> 도덕성을 회복하여
> 조국의 위기 극복에 앞장 섭시다.
>
> **心性導正**
> 심 성 도 정
> 그 길은 각자의 심성을
> 바르게 가꾸는 것으로 시작됩니다.
>
> **譽之樂之**
> 예 지 낙 지
> 남의 좋은 점을 찾아내어
> 칭찬하고 배우는 일을 낙으로 삼읍시다.
>
> **滴水成川**
> 적 수 성 천
> 작은 물방울이 모여
> 시냇물이 되고 강물이 되듯이
> 우리의 곧은 심성 하나하나가 모여
> 그 무엇으로도 막지 못할
> 도도한 도덕의 강물이 될 것 입니다.
>
> **啓曉伴征**
> 계 효 반 정
> 새벽을 열어 우리 함께 갑시다.
>
> **"장래의 큰 선비" 만들기**
> 권력과 재력은 간수하기 힘든 몸밖의 억만금이지만
> 인품과 신용은 간수하기 쉬운 몸안의 억만금입니다.
> 몸안의 억만금을 지닌 "장래의 큰 선비"를 많이
> 길러내는 것이 도산서원허시회의 목표입니다.
>
> 도덕성 회복의 물결이
> 많은 사람들에게 흘러가기를 바라는 마음으로
> **陶山書院虛施會**에서 삼가 드립니다.

이근필의 봉투지 광고 '민들레처럼'

會의 목표라고 했다. 이 봉투지 광고도 허시회의 이름으로 나가는 것이었다. 허시虛施! 보답을 바라지 말고 그저 베풀라는 뜻이다. 이것은 봄볕의 은택을 의미하는 '춘택春澤' 등과 함께 퇴계종가에서 전해져 오던 가훈 가운데 하나이다. 요즘 부모들 가운데 자신의 자식에게 '허시'를 가르치는 사람이 있겠는가. 각박한 세상 속에서 오히려 빼앗는 법을 가르치고 있지는 않는가. 참으로 뜨끔한 용어가 이 '허시'라는 것이다.

　이근필은 봉투만 내밀 수가 없어 그 안에 몇 가지를 넣는다. 그것은 아버지가 쓴 「퇴계선생수신십훈」과 자신이 쓴 몇 가지 글씨들이다. '예인조복譽人造福'이나 '경敬'과 같은 글씨가 대체로 그러한 것이다. 종손의 글씨는 단아한 아버지의 글씨에 비해 활기차다. 굵게 눌러 찍은 점, 꺾어져 내려오다 우뚝 멈추어 선 세로획, 힘차게 뻗어나가는 파임, 어느 것 하나라도 골근骨筋 없는 획이 없다. 아버지의 글씨는 복사를 하지만, 자신의 글씨는 직접 쓴다. 앞으로 몇 천 장 아니 몇 만 장을 써야 할지도 모를 일이라고 했다.

　종손은 특히 '예인조복'을 강조한다. 다른 사람의 좋은 점을 기리며 자신의 복을 만들자는 것이다. 화를 자초하듯이, 복도 하늘에서 주는 것이 아니라 자신이 만든다고 했다. 어떻게 생각하고 행동하는가에 따라 화복이 갈라진다. 복을 만드는 방법 가운데 가장 하기 쉬운 것이 바로 다른 사람 칭찬하기다. '허시'의 첫

걸음도 칭찬하기라는 것이다. 사실, 칭찬하는 신문을 본 적이 거의 없는 듯하다. 비판정신을 내세우며 언론은 사회에 대한 비판을 얼마나 많이 쏟아 내었던가. 이런 생각에 기반을 두고 퇴계 종손 이근필은 민들레의 홀씨처럼 또는 작은 물방울로 그렇게 세상에 자신의 뜻을 전하고 있었던 것이다.

'경敬' 역시 종손이 많이 쓰는 글자이다. 이것은 수많은 성

이근필의 글씨 '경'

상중의 퇴계 종손 이근필

리학자들이 수양론의 핵심으로 강조했고, 퇴계의 수양론 역시 이 한 글자에 모두 요약되어 있다. 주자는 이것을 '주일무적主一無適'(생각을 하나로 집중하는 일), '정제엄숙整齊嚴肅'(몸을 가지런히 하는 일), '기심수렴其心收斂'(마음을 안으로 거두어들이는 일), '상성성법常惺惺法'(늘 깨어 있는 일)으로 요약한 바 있다. 이를 통해 성리학자들은 그들의 내면을 가을 달이 찬 연못에 비치는 추월한수秋月寒水처럼 만들고자 했고, 그 묘리로 자신의 마음을 전하고자 했던 것이다.

종손은 실용주의자다. 허례허식을 버리고 모든 일을 실정에 맞게 할 것을 그 자제들에게 주문한다. "남의 눈치 보고 살 세상이 아닙니다"라는 그의 이 한마디 말에 모든 것이 담겨 있다. 제사도 마찬가지다. 형편이 닿는 대로 지내면 되고, 무엇보다 중요한 것은 정성이라는 생각이다. 퇴계종가의 제사 방식이 그러하다. 아들 이치억이 서울에 살고 나이 많은 자신은 종택에 살기 때문에, 불천위는 종택에서 지내고 나머지 제사는 서울에서 지내게 한 것이 그것이다. 이 부분에 대한 이근필의 육성을 들어 본다.

애들이 내일 서울로 이사를 가요. 이사를 가는데 "너 서울 가거든 제사를 우리 큰제사는 여기서 지내고, 사사 제사는 너거가 모셔라." 왜 그러냐 "너거가 서울서 차를 몰고 가족이…… 저 차 운행비가 문제가 아니고…… 복잡한데 차를 몰고 오는 게 위험타. 부담이 많잖냐? 그러니께 반은 너거가 서울서 모시고, 또 큰제사는 우리 집에서 너거가 와서 모셔라.…… 근데 서울에서 있시면은 제관이 여기보다 많다. 여기보다 많은데 그 많은 제관이 먹을 수 있을 정도의 음식을 장만할라 그러면 여러 가지를 장만할라 그러면 다 못한다. 혼자서는 못하니께 너 떡 한 쟁반 적 한 쟁반 과일 한 쟁반을 하는데, 거기다가 그 음식을 가지고 그 제관이 마치맞게 먹을 요기 때울 만한 거만 장만해라." 내가 이런 얘길 했습니다.

2009년 8월 20일 경북대학교 영남문화연구원의 종가연구팀이 한 녹음 내용이다. 이근필은 '지금의 실정에 합당해야 한다'는 '의어금宜於今'에 9를, '옛 법도에서 멀지 않아야 한다'는 '불원어고不遠於古'에 1을 배당시켰던 분이 아니던가. 위의 내용도 혁신을 넘어 거의 파격에 가까운 것이다. 제사를 분리해서 지내는 것도 그러하지만, 참석하는 제관에 맞게 간소하게 차리고, 과일 등 제물을 늘어놓을 것이 아니라 같은 종류끼리 한 쟁반씩 놓아 최소한의 형식만 갖추게 한 것이다. 떡과 고기도 나누어 먹기에 좋은 방향으로 변용을 한 것은 물론이다.

　퇴계 종손 이근필은 도산서원 선비문화수련원과 도산서원 허시회虛施會, 그리고 거경대학居敬大學이라는 퇴계학 스터디그룹 등에서 활동을 한다. 특히 2001년에 있었던 퇴계탄신500주년 기념행사 후 설립된 선비문화수련원은 도산서원의 활성화에 많은 기여를 하였다. 이것도 서원 본래의 기능을 찾자는 종손의 생각이 반영된 것이었다. '수련'이라는 용어에서 볼 수 있듯이, 현대인과 고인이 실천적 측면에서 소통될 수 있도록 주로 체험과 실습을 중심으로 교육한다.

　이근필을 만나 참으로 다양한 생각이 들었다. 그 가운데 하나는 옛사람들도 옛사람들의 오늘을 살았다는 것에 대한 생각이다. 옛사람들도 고인을 많이 이야기하기는 하였지만, 그것은 정신적인 것이지 생활의 방식 등 형식적인 문제가 아니다. 바로 여기에서 우리는 우리 시대를 어떻게 살아야 하는가 하는 문제가 풀린다. 오늘의 방식대로 살아야 한다는 것이다. 그러나 고인의 오랜 지혜를 본받지 않으면 안 된다. 그 지혜는 오늘을 위해서 중요하기 때문이다. 까마득한 소리의 절벽 앞에 서 있는 퇴계 종손 이근필, 까마득한 어둠 속에서 민들레 홀씨를 날리며 이것을 몸소 실천하고 있었던 것이다.

3. 도산별곡을 노래하며

　　시간은 참으로 쏜살같이 흐른다. 전통 방식으로 퇴계종가를 지키던 15대 종손 이동은은 이미 세상을 떠났고, 선비문화수련원을 만들어 선인善人이 사는 세상을 꿈꾸며 활동하는 16대 종손 이근필은 현재 80세다. 17대 종손이 될 이치억은 현재 성균관대학교 유학과에서 박사 과정을 수료하고 학위논문을 준비하고 있다. 이동은은 신학문을 하려고 하다가 집안 어른들에 의해 종가로 불려왔고, 이근필은 신학문을 하였으나 일찌감치 종택 인근에 직장을 잡고 종가 지키기와 선비문화 창달에 앞장섰으며, 이치억은 본격적인 신학문을 하면서 서울에 살고 있다.

　　최근의 퇴계 종손 3대를 보면 우리 사회가 어떻게 변화되어 왔는지를 알 수 있다. 우리는 이러한 변화 과정 속에서 종가의 미래를 다시 생각하지 않을 수 없다. 종가는 전통을 이해하는 중요한 창구 역할을 하기 때문이다. 특히 종가문화는 사람이 어울려 살아가는 생활문화라는 측면에서 주목할 필요가 있다. 생활문화는 계승되는 측면과 변용되는 측면이 동시에 있고, 어울려 살아가는 집체성과 아름다움을 추구하는 심미성을 공유한다. 17대 종손이 될 이치억, 이러한 측면에서 아버지의 혁신적인 생각을 적극적으로 지지한다. 그 역시 전통은 옛것을 그대로 답습하는 것이 아니라는 생각으로 다음과 같이 말한다.

> 종손으로서 또 유학을 공부하는 사람으로서 저의 목표는 '유교를 살리고 전통을 잇는 것' 자체에 있는 것은 아닙니다. 과거가 중요한 것이 아니라 오늘과 내일, 그리고 그 안에서 사는 사람들이 중요합니다. 그래서 '유교와 전통'을 살리는 것이 목적이 아니라, 지금과 앞으로의 삶, 그리고 그 삶을 공유하는 사람들을 위해서 '유교와 전통이 어떤 역할을 할 수 있을까?'라는 문제가 더 절실하리라 생각됩니다. 그것이 결과적으로는 유교와 전통이 사는 길이기도 하겠지만, 근본은 '사람'에 있다고 생각합니다.

내가 이치억에게 종손의 역할과 종가의 미래를 물었고, 그는 이에 대한 답변을 하는 과정에서 위의 이야기로 결론을 삼았다. 질문과 답변은 모두 이메일(e-mail)로 이루어졌다. 이치억은 유교철학을 전공하는 사람답게 보다 큰 틀에서 종가를 바라보고 있었다. 즉, 전통이 사람들의 행복을 위하여 현재와 미래를 향해 열려 있을 때 의미가 있다고 생각한다. 특히 '사람'에 대한 강조는 아버지 이근필도 끊임없이 강조한 것인바, 퇴계 종손이 '무엇을 위한 유교와 전통인가' 하는 문제에 대하여 분명한 대답을 한 셈이 된다.

유교와 전통이 사람을 위한 것이어야 한다고 볼 때, 종가문화는 그 핵심에 놓인다. 가장 강한 자장을 형성하고 있기 때문이다. 따라서 우리는 종가와 종손에게 박제화된 과거를 요구하지 말아야 한다. 종가에서 그 의미를 찾고 그 내용을 이해하며 오늘과 내일을 위한 전통을 이야기할 수 있어야 한다. 퇴계종택을 찾는 이들도 마찬가지다. 퇴계가 계상에서 사람을 위하여 어떤 고민을 하였는지, 아들 준과 손자 안도에게 사람의 길을 어떻게 가르쳤는지를 생각할 수 있어야 하며, 그것이 또한 현재와 미래를 위하여 어떤 가치로 살아나는지를 이야기할 수 있어야 한다. 바로 이런 점에서 종택을 보는 사람들의 시각이 중요하다.

나는 여기서 조선 후기에 퇴계종택과 도산서원을 찾았던 한 사람의 답사객을 기억한다. 영양의 외두들마을에 살았던 사람 염와恬窩 조성신趙星臣(1765~1835)이 바로 그다. 1792년(정조 16) 3월

정조가 규장각의 각신閣臣 이만수李晩秀를 보내 도산서원에 제사를 올리고 도산시陶山試를 보이며 영남의 선비들을 격려한다. 조성신은 이 시험에 참가하였는데, 이때 그는 퇴계의 유지인 계상서당과 도산서원을 두루 답사하게 된다. 그러나 32세 때 우연히 두 눈이 멀게 되고, 그 후 10년이 지난 뒤에 옛날을 기억하며 가사歌辭를 지었다. 「도산가」 혹은 「도산별곡」으로 불리는 가사가 그것이다. 몇 부분만을 요즘 말로 풀어 본다.

    태백산太白山 내려온 용龍은 영지산靈芝山에 높았어라.

도산서원 시사단試士壇

황지潢池에서 솟은 물은 낙천洛川에서 맑았도다.
퇴계수退溪水 돌아들어 온계촌溫溪村 올라가니,
노송정老松亭 옛 집터에 대현大賢이 나시었네.
일국도산一局陶山이요 그 곁에 명승지名勝地라,
오호於乎라! 우리 선생先生 이곳에 장수藏修하와,
당년當年에는 장구소杖屨所[39]요 후세後世에는 조두소俎豆所[40]라.
나이 어린 후학後學이 이웃 읍에서 생장生長하여,
문정門庭은 못 미쳤지만 강산江山은 지척咫尺이었네.
남기신 책 읽으며 고풍高風을 상상想像하며,
백리연하百里煙霞를 가리킨 지 오래였더니,
성상聖上의 은전恩典으로 임자년壬子年 춘삼월春三月에,
예관禮官이 명命을 받아 사당 아래 제사하고,
많은 선비 함께 모아 별과別科를 보이시니,
어와 성은聖恩이야 진실로 망극罔極하다.

「도산별곡」의 들머리다. 조성신은 태백산에서 뻗어 내린 영지산, 황지에서 출발한 낙천, 퇴계의 물을 거슬러 올라가 만나는 온계 등을 제시하며, 퇴계가 난 노송정과 그가 거닐던 계상이 지닌 지리적 환경을 먼저 언급하였다. 그리고 인근 읍인 영양에서 퇴계가 남긴 글들을 읽으며 그 높은 풍치를 사모해 오던바, 도산별시에 응시하면서 퇴계의 유적을 답사하게 되어 성은이 망극하다고 하였다. 임자년은 1792년으로 도산시가 있었던 해이며, 이 때 내려와 사당에 제사를 올린 예관이 바로 이만수였다. 「도산별곡」은 다시 이렇게 이어진다.

> 농운정사隴雲精舍 돌아들어 암서헌巖棲軒에 들어가니,
> 문 앞의 살평상⁴¹은 장석丈席이 훌륭하고,
> 궤증櫃中의 청려장青藜杖엔 수택手澤이 반짝이네.
> 풍채風采를 뵈옵는 듯 기침소리를 듣잡는 듯,
> 심신心神이 숙연肅然하여 마음의 찌꺼기가 절로 없어지네.
> 완락재玩樂齋 시습재時習齋와 관란헌觀瀾軒 지숙료止宿寮,
> 절우사節友社 정우당淨友塘을 차례대로 들러본 뒤,
> 몽천수蒙泉水 떠 마시고 유정문幽貞門을 돌아나서,
> 곡구암谷口巖 더딘 길로 광영대光影臺에 올라앉아,
> 원근산천遠近山川을 한눈에 굽어보니,
> 동취병東翠屏 서취병西翠屏은 봉만峰巒도 기이奇異하고,
> 탁영담濯纓潭 반타석盤陀石은 수석水石도 명려明麗하다.
> 서대西臺를 다 본 후에 동대東臺에 올라앉아,
> 운간雲間의 저 솔개야 너는 어찌 날았으며,
> 강중江中의 저 고기야 너는 어찌 뛰노느냐?
> 우리 성왕聖王 수고하시어 사람 만드시고 남은 조화런가?
> 형용形容 잘한 활발발지活潑潑地⁴²에 비은장費隱章⁴³이 여기런가?

도산서원과 그 주변을 노래한 것이다. 농운정사, 암서헌, 살평상, 완락재, 시습재, 관란헌, 지숙료, 절우사, 정우당, 몽천, 유정문, 광영대, 천연대天淵臺 등 도산서원을 구성하고 있는 건물과 자연물은 물론이고, 멀리 보이는 동취병과 서취병, 아래로 굽어보이는 탁영담과 반타석 등 주변의 산수에 대해서도 언급하였다. 그리고 무엇보다 옥진각에 보관되어 있는 퇴계의 수택이 묻어 있는 청려장을 보면서 퇴계를 뵙는 듯하고 퇴계의 기침소리를 듣는 듯하다고 했다. 도산서원과 퇴계의 유품을 보면서 조성신은 그야말로 퇴계를 아주 가까이서 느끼고 있었던 것이다.

조성신은 도산서원을 주자의 무이구곡으로 여기며 그 자연경관을 극찬하였다. 그리고 그 자신 배를 띄워 놀면서 퇴계의 「청량산가淸凉山歌」를 「어부사漁父詞」로 화답하는 한편, 가을 달이 찬 연못에 비치는 추월한수의 극처를 느끼면서 퇴계가 도산서당과 그 주변을 시를 지어 찬양한 칠언절구 18수와 오언절구 26수를 외운다고 했다. "춘풍무우春風舞雩 어디런고, 추월한수 비추었다. 십팔수十八首 칠언시七言詩와 이십육수二十六首 오언시五言詩를, 장章마다 뽑아내어 글자마다 외운다"라고 한 것이 그것이다.

나는 일찍이 조성신처럼 철저하게 퇴계를 느끼면서 계상과 도산서원을 찾은 사람을 보지 못했다. 물론 「도산별곡」이 답사 후 바로 창작된 것이 아니라 하더라도 말이다. 그는 퇴계의 문집을 읽으며 퇴계의 생각을 깊이 이해하였고, 계상과 도산서원이

도산서당과 살평상

가진 인문지리적 환경을 충분히 조사한 다음 이곳을 심방尋訪하였다. 이 때문에 그는 퇴계와 계상과 도산서원이 지니는 상징적 의미들과 혼연일체가 될 수 있었다. 퇴계가 베풀어 놓은 여러 인문 경관 사이를 소요하면서 우주를 통찰하고 인생을 반성하며, 사람이 가야 할 길을 깊이 생각하였던 것이다.

퇴계종택과 그 주변의 문화경관은 매우 중요한 전통 인문 공간이다. 이 때문에 이치억과 같은 종손의 생각도 중요하지만 이곳을 방문하는 사람들의 자세 역시 중요하다. 우선 종택 주변이나 도산서원에서 볼거리를 요구하지 말아야 한다. 볼거리는 새로운 개발로 이어져 소박한 옛 풍경과 이에 따른 서정이 훼손될 수 있기 때문이다. 오히려 종가 주변의 오솔길을 걷거나 개울가를 거닐면서 풀 한 포기 나무 한 그루에서 '활발발지'를 느낄 수 있어야 한다. 이로써 천리天理의 묘용妙用을 깊이 사색할 수 있고, 그것이 자신의 현재적 삶에 어떤 충일감과 행복감으로 전달되어야 한다.

주

38) 아홉 가지 바른 모습: 『예기』의 구절을 『소학』이나 『격몽유결』 등에서 인용해 두고 있다. 발걸음은 무겁고 신중하게(足容重), 손은 가지런하고 공손하게(手容恭), 눈은 단정하게(目容端), 말할 때는 삼가고(口容止), 목소리는 낮고 조용하게(聲容靜), 머리를 똑바로 세우고(頭容直), 숨소리는 고르

게(氣容肅), 서 있는 모습은 덕성스럽게(立容德), 얼굴에는 위엄이 있어야 한다(色容莊)는 것 등이 그것이다.

39) 杖履所: 지팡이 짚고 신을 끌며 다니던 장소라는 말로 퇴계가 머무르던 곳을 말한다.

40) 俎豆所: 고기를 담는 제기가 俎이고, 국 등과 일반 음식을 담는 제기가 豆인데, '조두소'는 퇴계의 제사를 지내는 곳을 뜻한다.

41) 살평상: 도산서당의 방은 玩樂齋이며 마루는 巖栖軒이다. 퇴계 사후 마루가 좁아 여러 사람을 수용할 수 없게 되자, 한강 정구가 안동부사로 부임하면서 도산서원에 살평상을 기증하였다. 서원에서는 마루를 살평상으로 잇대어 내는 한편 그 위에 지붕을 얹어 새로운 공간을 확보하였다.

42) 活潑潑地: 우주가 생기로 충만한 상태를 말하는 것으로 외부로부터 어떤 제약도 받지 않는 최고의 자연 상태에 대한 비유적 표현이다.

43) 費隱章: 『중용』 제12장을 말한다. 퇴계가 이 장의 "솔개는 날아 하늘에 닿고, 물고기는 연못에서 뛰어오른다"(鳶飛戾天, 魚躍于淵)라는 구절에서 天淵臺라는 이름을 취하였기 때문에 조성선이 이렇게 노래한 것이다.

44) 「淸凉山歌」: 작자 시비가 있지만 대체로 퇴계의 작품으로 알려져 있다. "淸凉山 六六峯을 아는 이 나와 白鷗, 백구야 喧辭하랴 못 믿을손 桃花로다. 도화야 떠나지 마라 漁舟子 알까 하노라"라고 한 것이 그것이다.

참고문헌

경상북도·경북대 영남문화연구원 편, 『경상북도 종가문화 연구』, 경상북도 경북대 영남문화연구원, 2010.
국립문화재연구소편, 『종가의 제례와 음식 7-진성이씨 퇴계 이황 종가』, 월인, 2005.
김종석, 『도산서원 고전적』 해제; 한국국학진흥원 편, 『도산서원 고전적』, 한국국학진흥원, 2006.
서울역사박물관 편, 『옛 종가를 찾아서』, 서울역사박물관, 2005.
윤천근, 『퇴계 선생과 도산서원』, 지식산업사, 1999.
_____, 『안동의 종가』, 지식산업사, 2001.
이순형, 『한국의 명문 종가』, 서울대학교출판부, 2000.
이장우·전일주, 『퇴계 이황, 아들에게 편지를 쓰다』, 연암서가, 2008.
정석태, 『안도에게 보낸다』, 들녘, 2005.
정우락, 『남명과 퇴계 사이』, 경인문화사, 2008.
_____, 『조선의 서정시인 퇴계 이황』, 글누림, 2009.
한국국학진흥원 편, 『도산서원 고전적』, 한국국학진흥원, 2006.
_____, 『국학자료 목록집(상)』, 한국국학진흥원, 2007.
한국국학진흥원 교육연수실, 『전통의 맥을 잇는 종가문화』, 한국국학진흥원, 2008.